全国小学生校园美文精品集

七色阳光小少年

奔跑的蜗牛

《语文报》编写组 编

时代文艺出版社

图书在版编目（CIP）数据

奔跑的蜗牛 /《语文报》编写组编. —长春：时代文艺出版社，2018.8（2023.6重印）
（"七色阳光小少年"全国小学生校园美文精品集萃丛书）
ISBN 978-7-5387-5927-3

Ⅰ. ①奔… Ⅱ. ①语… Ⅲ. ①作文－小学－选集 Ⅳ. ①H194.4

中国版本图书馆CIP数据核字（2018）第135819号

出 品 人　陈 琛
产品总监　郭力家
责任编辑　田 野
助理编辑　胡 军
装帧设计　孙 利
排版制作　隋淑凤

本书著作权、版式和装帧设计受国际版权公约和中华人民共和国著作权法保护
本书所有文字、图片和示意图等专有使用权为时代文艺出版社所有
未事先获得时代文艺出版社许可
本书的任何部分不得以图表、电子、影印、缩拍、录音和其他任何手段
进行复制和转载，违者必究

奔跑的蜗牛
《语文报》编写组 编

出版发行 / 时代文艺出版社
地址 / 长春市福祉大路5788号　龙腾国际大厦A座15层　邮编 / 130118
总编办 / 0431-81629751　发行部 / 0431-81629758
官方微博　weibo.com / tlapress
印刷 / 北京一鑫印务有限责任公司
开本 / 700mm×980mm　1/16　字数 / 153千字　印张 / 11
版次 / 2018年8月第1版　印次 / 2023年6月第5次印刷　定价 / 34.80元

图书如有印装错误　请寄回印厂调换

编委会

主　　编：刘应伦

编　　委：刘应伦　赵　静　李音霞
　　　　　郭　斐　刘瑞霞　王素红
　　　　　金星闪　周　起　华晓隽
　　　　　何发祥　朱晓东　陈　颖
　　　　　段岩霞　刘学强

本册主编：谢　霞　宁　宁

目 录

心里美滋滋

家·信 .... 杨敏隽 / 002

致父母的一封信 .... 郑雨轩 / 003

给妈妈的一封信 .... 陈婕怡 / 004

给表妹的一封信 .... 孙　越 / 006

心里美滋滋 .... 任虹彦 / 007

品茶之趣 .... 戴　胜 / 008

童年记忆的珍珠 .... 赵国庆 / 009

"甜趣"让我陶醉 .... 陈婕怡 / 011

四川火锅——我的最爱 .... 杨敏隽 / 012

美味的糖葫芦 .... 叶宇成 / 013

自制香甜美味的南瓜饼 .... 周　缘 / 015

如意回卤干 .... 李昕雨 / 016

我爱我的家乡 .... 冯张欣 / 017

瞧一瞧春天 .... 钱语彤 / 019

别样的风景 .... 蒋凯茹 / 020

我的风景………杨雨菲 / 021

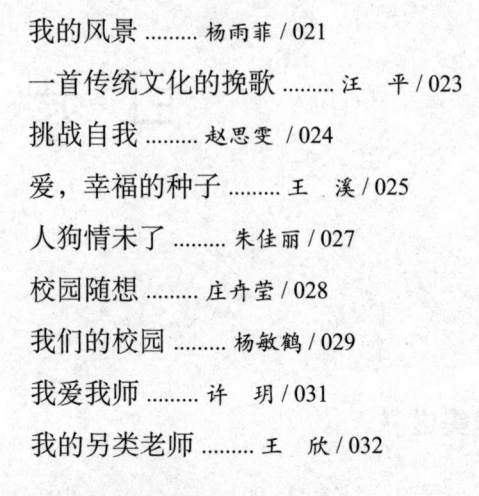

一首传统文化的挽歌………汪 平 / 023

挑战自我………赵思雯 / 024

爱，幸福的种子………王 溪 / 025

人狗情未了………朱佳丽 / 027

校园随想………庄卉莹 / 028

我们的校园………杨敏鹤 / 029

我爱我师………许 玥 / 031

我的另类老师………王 欣 / 032

栀子花香满车载

那一道风景………李 静 / 036

小巷深处………袁 洁 / 037

栀子花香满车载………金 锐 / 038

有一种声音在记忆深处………李若涵 / 040

倾听生命………丁卓然 / 041

我认识了你——宝钗………张晓雅 / 042

爱的乐园………蒋沁凝 / 043

等待与希望………李雨晨 / 045

做好每一个细节………王笑悦 / 046

只要努力了就好………杨慧敏 / 047

溜冰的感觉………程 晨 / 048

欢乐大厨………杨菁菁 / 050

我被克隆了………蒋凯茹 / 051

给哆啦A梦的一封信………郭静宣 / 052

别有天地 ……… 朱 玥 / 054
我好想环游世界 ……… 刘思雨 / 055
我爱你，南京 ……… 沈世伟 / 056
南京的巷子 ……… 朱智虎 / 058
爱上一座城 ……… 方嘉豪 / 059
同里的小桥流水 ……… 陈孙婕 / 060
老师，我想说 ……… 昌宇梦 / 061
老师，我爱您 ……… 周 缘 / 063
您的鼓励对我很重要 ……… 易文静 / 064
您的爱与我同在 ……… 尤思瑜 / 066

这个春天，我很忙

那一刻，我真懊恼 ……… 龚雨菡 / 070
那一次，我真感动 ……… 李 享 / 071
留在记忆中的鼓励 ……… 惠馨雨 / 073
留在记忆中的一句话 ……… 贾茉涵 / 074
唉，好烦呀 ……… 贾茉涵 / 075
我的减肥计划 ……… 徐嘉良 / 077
这个春天，我很忙 ……… 刘思雨 / 078
妈妈偷看我日记 ……… 许 衡 / 079
这就是我 ……… 沈梦冉 / 081
产品介绍 ……… 李楚晗 / 082
我心中最亮的那颗星 ……… 沈小妹 / 084
我的偶像 ……… 仇铭婉 / 085
校园的四季 ……… 陈宇翔 / 087

最爱那座城 ……… 郑雨轩 / 088

别有天地 ……… 赖碧莹 / 089

从未如此晴朗 ……… 陈　帅 / 091

那一抹记忆中的色彩 ……… 吴怡萱 / 092

清明小记 ……… 周　诠 / 094

清明怀想 ……… 王若曦 / 095

在悲伤中成长 ……… 马　婕 / 096

滋润 ……… 朱　月 / 098

漫谈诗歌欣赏 ……… 李思瑶 / 099

诗词带我走近苏东坡 ……… 宇　轩 / 100

读书，我的快乐之源 ……… 刘雅婷 / 102

我们身边的小确幸

梅花礼赞 ……… 王映茜 / 106

留香 ……… 周晨卉 / 107

身世浮沉雨打萍 ……… 应昊天 / 109

土豆与人生 ……… 王超冉 / 110

青松征服了我 ……… 左佳怡 / 112

蜗牛征服了我 ……… 李名扬 / 113

难忘那道风景 ……… 江　月 / 114

感悟生命 ……… 丁卓然 / 115

那一天，我流泪了 ……… 王炳坤 / 117

长跑日记 ……… 张　程 / 118

我的风景 ……… 曹亦凌 / 119

我生活在微笑中 ……… 尹　鑫 / 121

我们身边的小确幸 ……… 陈冰悦 / 122

仰望天空 .... 陈笑语 / 124

享受鸟鸣 .... 杨敏鹤 / 125

静下来，真好 .... 王雅楠 / 126

道一声珍重 .... 陈 妍 / 127

明天我就要离开 .... 尹子凡 / 129

让心靠得更紧 .... 贾 佳 / 130

我的那个暖冬 .... 张雨婷 / 131

走出来，真好

我们是一家人 .... 王子豪 / 134

说不清的家务 .... 夏宇轩 / 135

走错门 .... 黄 磊 / 137

我的"伟大"计划 .... 史书玮 / 138

父爱，滋润了我的心 .... 孙 涛 / 139

我家的"阿长" .... 严晓夕 / 141

我家的老车 .... 曹亦凌 / 142

父亲的背 .... 李旭苛 / 143

第一次做生意 .... 王一峰 / 145

成长需要磨炼 .... 戴 胜 / 146

走出来，真好 .... 雨 婷 / 148

埋在心底的记忆 .... 董思乡 / 149

秋夜 .... 高 健 / 151

一叶知秋 .... 华 夏 / 152

秋 .... 王雪蒽 / 153

秋日物语 .... 陈昕仪 / 154

让 .... 蒋雨涵 / 155

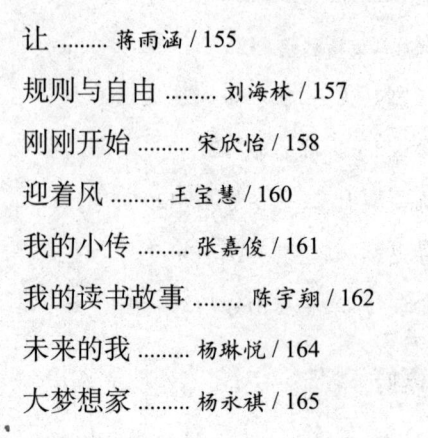

规则与自由 .... 刘海林 / 157

刚刚开始 .... 宋欣怡 / 158

迎着风 .... 王宝慧 / 160

我的小传 .... 张嘉俊 / 161

我的读书故事 .... 陈宇翔 / 162

未来的我 .... 杨琳悦 / 164

大梦想家 .... 杨永祺 / 165

心里美滋滋

又路过一片房屋，眼前忽然开阔起来，很久都没有看过这样的画面，好像溶化了我被钢筋水泥层层箍住的心——土地，远山，天空。见不到那层层叠叠挡住太阳的高楼大厦，被厚重雾霾压得喘不过气的天，近处是青翠欲滴的菜田，远处的山上，立着几座巨大无比的风车，随着风缓慢地转动。

家·信

杨敏隽

亲爱的爷爷：

近来身体好吗？

也不知怎的，突然来了兴致，想手写一封信，贴上邮票寄给您，在您打开信的时候，空气里就会弥漫着一股淡淡的墨香。

我是一个很念旧的人，特别喜欢泡杯茶，坐在家门口晒着太阳，回忆自己的往事，也思考自己的人生。我妈说这些习惯都是您带的，说我就差养只鸟天天带出去遛了。我笑了，的确，我是您一手带大的，自然就会受到您的习惯的影响。

还记得：每年春节，就我们爷孙俩，骑个自行车去夫子庙看灯，每次去我都闹着要买荷花灯，您每次都说买了就是放在家里落灰，还不如不买，但最后您还是给我买了灯。元宵节买了灯，您就带着我一起去点灯，拎着荷花灯在家门口绕一圈，和您一起用南京话唱着童谣："娃娃啊，出来玩灯咯！不要你红，不要你绿，只要你几根红蜡烛。"一转眼就到了惊蛰，放风筝和抖空竹您一个都不落下，我还记得缠风筝线的那个盘子还是当年您在工厂里自己做的。然后就是清明上坟，您那几天心情总是不好，我知道爷爷你没有亲人，每年都是跟着奶奶家一起去上坟。之后的端午，您就要开始包粽子了，淘米、洗粽叶、包粽子都是您一个人张罗，每次包好煮好要忙一夜，第二天一早起来我就能吃上香喷喷的粽子了，每次您都记得给老邻居送几个。

在老城南斑驳的小巷子里头，一个老人带着一个孩子穿梭着，遇到认识的人就会问一句："啊吃过饭啦？"

亲爱的爷爷，我真的好想您啊！我好想天天陪着您！我永远的"家"就在老城南的古秦淮，在回荡着亲切、正宗的南京话的地方，有爷爷您的地方才是"家"！

祝一切安好！

您的孙女
2016.3.26

致父母的一封信

郑雨轩

亲爱爸爸妈妈：

你们好！

现在我是一名六年级的学生了，我长大了，学习任务也加重了。我深知：六年级，多么重要的一年，将决定我上什么样的初中。你们对我抱有很大的希望，所以我一定会努力的。

你们每天为我奔波，送我上补习班，我很疲倦，但我知道，你们都是为了我，为了我的将来着想。我又何尝不想学好！我知道学习是很苦很累，每天都有写不完的作业，所以下课的时候，我都是抓紧每分每秒在写作业。因为，为了我理想的中学，我愿意苦，愿意累，愿意付出更多的汗水。我只希望我的付出对得起你们，更对得起我自己！每个人都会为自己的理想而努力，我要比别人更努力，更刻苦。我坚信，你们的支持鼓励，是我最大的动力，我没有理由不努力！

从懵懂的女孩到今天的大姑娘，我变了，我变得更加坚强了！当然，付出最多的就是你们！天底下没有不爱孩子的父母，你们希望我有所成就，我亦希望以此来报答你们的辛苦付出！

其实，说了这么多，都是我自己内心最真实的想法。我也知道自己很贪玩，但是玩归玩，我会尽我最大的努力去给我的小学生活画上一个完美的句号。

最后，我想对你们说，你们辛苦了！感谢你们一直以来的陪伴及谆谆教导，让今天的我变得更加上进！压力和困难，我将坦然面对，不留遗憾。郑雨轩，加油！

此致

敬礼！

女儿：郑雨轩
2015.5.28

给妈妈的一封信

陈婕怡

亲爱的老妈：

您去澳门将近两个月了，有没有想你的宝贝闺女？

　　您七月份回来时我不在南京，没能看见"您老人家"，心中感到很可惜。其实，我有好多好多话要跟您说，那就现在一一说给您听吧！

　　现在，我已经是个大姑娘了。面对即将到来的考试，我当然也是"压力山大"的。现在我们班已经不像以前那样，同学在课间肆无忌惮地玩耍、嬉戏了。现在的我们就如与时间赛跑，课间时那些嬉闹的笑声已变成了"唰唰……"的笔纸摩擦声，就连去洗手间都要小跑。如若不然，把希望全寄托在晚上时间完成作业，要想在十点前写完作业那是不可能的！不过，您家聪明的闺女已经"谨遵母命"，听您老的教诲要合理地安排时间，每天晚上睡觉前都会把白天各门功课记的笔记浏览一遍，加强记忆。同时也要把第二天要默写、背诵的内容记熟了，虽然很辛苦，但学习效果很显著哦！您老就不用担心啦！

　　老妈，您在澳门过得是不是很惬意呀？每次您在电话里说你又去了什么珠海、澳门、台湾等那些我一直向往的海边城市，我真恨不得后背立马生出一双翅膀，漂洋过海去与您一同游玩。一起尝尝珠海的肉松、澳门的肉铺，还有台湾的奶茶……想到这儿，我不禁口水直流啊！

　　不过再大的诱惑都不比不上盼您回家来的真实，您老人家出去也够久了，真的很想您，您不是说快回来了嘛，我在家等你哦！

　　盼早日归来！

您的宝贝闺女：毛毛
2015.9.11

给表妹的一封信

孙 越

亲爱的表妹：

你好！

今天已是新学期的第二周了，你也刚步入新的生活！在新的学校习惯吗？现在你升入高年级了，作业量也更大，有一点压力也是正常的。但我希望你能变压力为动力，上课认真听！记得你上次说晚上睡得较迟所以上数学课总想睡觉，这样数学是学不好的，所以建议你以后晚上早点睡，保证睡眠充足，这样才有精神上课！听说你是语文课代表，我很为你感到高兴。而且听姨妈说你第一次数学考试也考了前几名，希望你能再接再厉，学好每门学科。

还记得小时候的我们，天真、单纯，可以说是灿烂的花朵在阳光下无忧无虑地成长，每天生活在欢声笑语之中。尤其是我们都爱从学校图书馆借书，休息日我们就聚在一起，兴致勃勃地阅读自己喜爱的书籍，那时是我们最开心的时候，对阅读充满着极大的兴趣。

时间飞逝，光阴荏苒，每年春节，当我们聚在一起谈天说地，吃着各种零食时，不用言语，彼此的一个眼神就可以互相了解对方，把最美好的亲情友情藏在心间。春节一过，我们又要各奔东西，人人心中都有一份不舍，想说却又说不出口。

这学期，你第一次离开家，在学校住宿，难免有些不习惯，是正常的，慢慢就会习惯的！听说你吃不惯学校的饭菜，但千万不要不吃，这样对身体不好，而且影响学习。因为晚饭吃的较早，如果晚自习后饿的话，可以吃些东西，否则饿着肚子睡觉应该也睡不好！我也希望你能与同学和平共处，多交些好朋友！更希望你好好学习，天天进步！

好久不见，想死你了！

你的表姐：孙越

2015年9月11日

心里美滋滋

任虹彦

阳光温柔地舒展着双臂，轻轻抚着我的脸颊，今天爸爸妈妈带我和弟弟回老家走走，我心里美滋滋的。

随着碎石子铺成的小路，一路向上，两侧是城市里永远不会出现的红砖黑瓦，就像在经历着一场奇妙的冒险。脚边有凌乱的杂草，大部分已经枯黄，但不受约束地肆意生长着。鸡鸣狗吠声也时时听到。

登上了高高的土坡，土坡一直蜿蜒，好像能通到那头的山。沿着土坡往前走，路过一片湖，湖水是那么清澈、静谧，好像与周围自由而躁动的世界隔绝了，只有一两只不知是鸭子还是什么的鸟在水中划出一连串的波纹。后来听妈妈说那是野鸭子，我这才相信这湖不是被什么凝结住了。

又路过一片房屋,眼前忽然开阔起来,很久都没有看过这样的画面,好像溶化了我被钢筋水泥层层箍住的心——土地,远山,天空。见不到那层层叠叠挡住太阳的高楼大厦,被厚重雾霾压得喘不过气的天,近处是青翠欲滴的菜田,远处的山上,立着几座巨大无比的风车,随着风缓慢地转动。这种只能在图片中看到的场景,如今在我的眼中出现。被作业、高楼束缚的心,此时才真正欢快地跳动起来,那种自由畅快的感觉,让我从头到脚都感受到了自然的洗涤,我发自内心地感受到快乐。

我们顺着土坡走了一半就回去了,经过那片房屋时,一群雪白的鹅挡住了我们的去路,调皮的小弟冲上前去,大叫着追逐那群鹅。鹅惊慌地四处逃窜,跑入墙角里去了。我看着他哈哈大笑的样子,也跟着笑了起来。

走在低矮的房屋中间,听着各家各户喧闹的声音,嗅着泥土的朴实气息,我感觉——心里美滋滋的。

品茶之趣

戴 胜

品茶是我的一大喜好。斜倚在木质栏杆旁,面前摆放的是一件件温婉的瓷制茶具,还有我心爱的茶,这是我最惬意的时刻。

举起茶壶,向浅口小杯中轻轻注入开水,杯底的绿茶倏地冒上来，翻滚着，跳跃着，慢慢地，弯曲的叶子伸展开来，好像刚睡醒的婴儿在伸懒腰，可爱极了。这时，一缕绿茶特有的清新淡雅的香味弥漫开来，沁入我的心中，拈起茶杯，抿一口绿茶，苦苦的、涩涩的，酽味让我精神一振，仔细品味，口中的余茶又传来一般浓郁的香气，越来越浓了，这清雅的香气在我口中回环往复，令我情不自禁地想起悠扬的琴声，绝，真绝！我凝望远方，缥缈的意境弥漫开来……

恍然间，我仿佛被超度上无限的青空中，四周香烟缭绕，仙云连绵，漫步其中，让我沉醉不已……突然，"呼"的一阵风吹来，把我的思绪吹散了，茶凉了。

品茶如同品人生。初入人世，免不了遇到重重挫折、坎坷，这必经之路可能会让你伤心，流泪，但这是对你的考验，就如同茶刚入口时的那一份苦涩。只要你不放弃，朝着既定的目标风雨兼程，就一定会收到来自生活的馈赠。这就像品茶，越品越香醇。正如那句老话：阳光总在风雨后，成功总在失败后，茶香总在茶苦后，只有经受住磨难，才能迎来辉煌，生活永远不会亏待我们。

这就是我的品茶之趣。

童年记忆的珍珠

赵国庆

童年，是每个人最快乐、最无拘无束的时光。在我的童年里，发生了许多好玩的事情。

有一次，我听到"种瓜得瓜，种豆得豆"这句话，心里想：那种棒棒糖也会长出棒棒糖吧！那样我以后就有吃不完的棒棒糖了，真是太好了。于是，我拿出了一根棒棒糖，向妈妈要了一个小铲子，雄赳赳气昂昂地去种棒棒糖了。我为了防止忘记位置，找了一棵树当记号，在树的旁边用铲子挖了一个坑，把棒棒糖埋了进去。就这样，经过我的一番努力，棒棒糖就种好了，现在"万事俱备，只欠浇水"了。于是，我每天都来给它浇水，边浇水还边念叨着："棒棒糖啊，你快快长，长大后我就有吃不完的棒棒糖了。"可是一连过了一个星期，棒棒糖还没长出来。我急了，再次拿着小铲子，想把棒棒糖给挖出来，可是结果却出乎我的意料，棒棒糖没了，只剩下了一根小棍。这下可把我急哭了，含着眼泪去找妈妈，把事情的来龙去脉讲给她听，妈妈解释了很长时间，我才明白根本种不出棒棒糖。

　　可是，我的童年趣事可不止这一件。

　　有一次，妈妈买回了一大袋子菜，对我说："帮妈妈把菜洗一洗。"我爽快地答应了。拎着菜走到了厨房。我放在台子上打开一看，有三个西红柿、两个黄瓜、一棵白菜……我傻了，那么多菜，什么时候才能洗完呀？突然，我灵光一闪：放在洗衣机里一块洗不就得了嘛！妈妈洗衣服不也是一股脑都放洗衣机里，洗完后，衣服就干净了。于是，我把菜提到洗衣机前，踮起脚尖掀开洗衣机盖子，把菜举过头顶，一下子全放了进去，并放了许多水进去，盖上盖子，按下电源。我坐在一旁，暗暗得意，心想自己有多聪明，长大后一定会是一位伟大的科学家。突然，妈妈进来了，问道："菜呢？"我指了一下洗衣机。我看妈妈走到洗衣机前，打开盖子，脸立刻变成了铁青色，我见情况不妙，赶紧溜之大吉。后来，后来情况十分惨烈，我就不说了。

　　现在，我一想到这两件事还不禁笑起来。同学们，你们有和我一样经历的吗？

"甜趣"让我陶醉

陈婕怡

中秋时节，我来到古城同里。古城的韵味没能让我入迷，古城的风光没能让我沉迷，古城中秋之夜梦幻般的月亮也没能让我留恋，但是，一颗小小的绕绕糖却让我入迷、让我沉浸、让我留恋，甚至让我陶醉……

在途中休息的时候，我买了一个绕绕糖，特意让那个伯伯不给我绕白，我拿起三根小棒，其中两根成"八"字分开，另外一根小棒则在中间来回搅和成"8"字。我一边慢悠悠地走向客服中心，一边玩弄着我手里的宝贝。好不容易来到了客服中心，导游叔叔看见我手中的绕绕糖不禁瞪大了眼，一边从我手中取走一边说："我小时候就玩这种绕绕糖，我们叫它'糖稀'。瞧——"他把两根"支架"拉得老长，我顿时大叫了一声："小心，要掉了！"谁知叔叔不以为然，轻轻一挑，又把那一髻儿"调回了家"。叔叔自夸道："瞧瞧，这就是技术。"……真没想到，这小小的绕绕糖还蕴藏着不少令人回味的童年时光呢！叔叔越绕越精彩，旁边的小妹妹再也忍不住了，也吵着让妈妈买一串玩玩；那边的姐姐也对这小东西来了兴趣；再看那边的爷爷奶奶，早就沉浸在他们儿时的快乐中呢！

我们这个旅游团都成了"绕绕糖一族"了，我们每个人手里几乎都拿着一只绕绕糖，我们笑着、闹着、绕着，吸引了越来越多的人加入。那边的爷爷奶奶说他们还有一首歌谣："绕绕糖，绕绕糖，绕出快乐的童年，你来绕，我来绕，绕出笑声一串。"

那绕绕糖让我陶醉，让我沉醉，我沉醉于那甜甜的味道，简简单单的动作，短短小小的歌谣，真真切切的笑声……

四川火锅——我的最爱

杨敏隽

在寒冬腊月，饭店要属火锅店最火热了。想到火锅，你可曾像我一样舌尖一紧，咽下一口水，吃火锅是一件被麻、被辣到想死，却又是很快乐的事。但在多种火锅里，四川火锅可是我的最爱了。

在中国，火锅大概可以分成两派：四川火锅和重庆火锅。这两派火锅看起来没什么区别，但一到嘴里就可以轻易分出差异。四川属于盆地，特殊的地理条件使四川藏区盛产花椒，而且四川花椒的品质也比其他的地方更胜一筹。花椒也因此成为四川火锅不可缺的一味，这导致四川火锅以麻为主。那我为什么偏爱四川火锅呢？因为四川火锅是以麻来衬托其他食材的鲜美，而重庆火锅主次不分明，所有的调味都很重，却都吊在那儿，没有什么升华，使火锅黯然失色！

在四川成都有一家老店，受很多本地人的喜爱。每到饭点，门口就排满了人，这家店叫"蜀九香"。一进店，就看到里头的人吃得热火朝天。火锅独特的香辣飘来，刺激味蕾分泌唾液。锅中的红油不停地翻滚，原本覆盖整个红油表面的花椒全被冲到锅边。有了火锅，自然少不了许多配菜：羊肉、牛肉、鸭舌、鸭血、豆皮、掌中宝……"蜀九香"的食材十分新鲜，连容易变质的鸭血都还如鸡蛋一样水嫩嫩的。其实四川火锅没有如芝麻酱等复杂的调料，大多都只是这四样：油碟、香菜、生抽、盐。每个人的碗里都有满满的香菜，再倒上半瓶油碟，没过香菜即可，最后倒入适当的盐或生抽就可以开吃了。其实油碟就是香油，那么有人就要问了：难道不会腻吗？其实不会腻的，好的火锅怎么吃，吃再多都不会腻，反倒会是越吃越想吃。送一口羊肉到嘴里，一开始并没有什么特别的感觉，可是慢慢地咀嚼着，渐渐地就能感受到浓郁的油香味，伴随着一点点微麻。吃着吃着，越来越辣，越来越麻，痛并快乐着……

作为一个"吃货"，相信你一定会有和我不一样的见解！如果你想一探究竟，还是自己亲自去尝一尝吧！

美味的糖葫芦

叶宇成

"卖糖葫芦啦！卖糖葫芦啦！"每当这叫卖声在大街小巷中回荡，迅速钻进我的耳朵里后，我便不由自主地垂涎三尺，一脸馋样儿，很快闻声寻去。

糖葫芦是我最爱吃的美食。糖葫芦颜色透红透艳的，七八个小山楂串起来好像一挂红灯笼。要是挂上一串在家门口，那可真是甜香四溢，还颇有几分喜庆欢乐的色彩。哈！又仿佛是一个个活泼可爱的红孩儿，涨红了脸，嘻嘻哈哈地嚷着，红通通的身上还裹着件晶莹、闪烁、香甜的亮光的水晶大袄。虽不尝其甜，却能感其香浓呀！但这么好看的糖葫芦还真舍不得吃呢！

每当我手抓着这一串美味的糖葫芦时，我就会注视好久，香艳的甜皮儿，红润的外表，酸甜的诱惑。啊，闻饱了那香儿，扑鼻的香儿。忍不住了，我就会咬上一口，细嚼细品，先是一股甜味儿，在口中漫散开，接着一点点的酸流荡在口中，味道不错，我满意地点点头。这时，我又咬上一口，又咬了一大口，品尝着，浓郁的甜香瞬间浸透了身体，每一寸的皮肤都被甜香感染，随后又享受着丝丝酸香，甜与酸交织一起，融化成海洋，漫湿了我的肉体乃至精神，顿时心旷神怡，陶醉了，笑了，愉悦舒心地笑了，为这无与伦比的美味而笑。这酸甜的香淡化了压力，驱走了烦恼，抚润了创伤，心出奇地空，有的只是安详和生活的欢乐，还有那香儿。我感慨："我太爱糖葫芦了，它真香！"

为了能够回味那美味，有一天我情不自禁地自做起了糖葫芦：先用小刀挖去山楂籽，接着把一个个山楂串成串，然后把事先熬好的糖丝些许凝固后倒在山楂串上，最后晾上几分钟。大功告成，我迫不及待一下咬了上去。"哇，棒极了！"无法抵抗的酸与甜占据全身，美味海洋扑打着心灵，心头正被和风吹拂。凝聚、升华，那感觉飘飘欲仙。此时，我为自己骄傲，更多的是为美味对我的渐渐"香"化而开心与兴奋。

美味的糖葫芦，我的最爱！

自制香甜美味的南瓜饼

周 缘

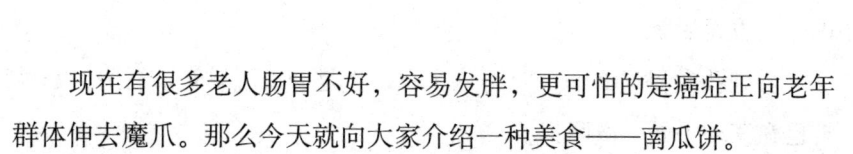

现在有很多老人肠胃不好，容易发胖，更可怕的是癌症正向老年群体伸去魔爪。那么今天就向大家介绍一种美食——南瓜饼。

你可别看它简单，就小瞧它。它的功能可大了去了。它含有丰富的维生素和蛋白质。对于善于养生的人来说，功效才是主要的，你想知道它有什么"神奇"的功效吗？老年人吃了它呢，可以保护胃黏膜，排便舒畅，最重要的是可以消除致癌物质。儿童吃了它呢，可以促进生长发育。但切记不可贪吃哦！但对于"吃货"来讲，还是好吃最重要，美味才是"无价之宝"。它外酥里嫩，香味醇厚。啊！是不是早就已经垂涎三尺啦！

那就让我们看看它的做法吧！我最爱吃红豆南瓜饼了，我就来向大家介绍介绍吧。心急吃不了热豆腐。首先，要准备好材料：南瓜、红豆、糯米粉、豆苗、糖。红豆要先煮成红豆沙，或者买现成的红豆沙也行。但我建议大家最好自己做，因为自己做好了剩下的红豆还可以做别的吃，不浪费。也能自己体验做红豆沙的乐趣，两全其美。准备好红豆沙，接着，将南瓜洗净切块，用微波炉高火加热六分钟左右，把南瓜块刮成南瓜泥，记得要戴一次性手套哦！然后在南瓜泥里加入糯米粉、糖搅和成不太沾手的面团。然后，在平底锅里放入少量

的橄榄油，这种油对身体好，也不怕吃油过多而发胖。煎的过程中如果发现南瓜不太吸油，直接在锅中把南瓜面团做成花的形状就可以点火煎了。用小火做，口味才会更润滑。一面煎的金黄后再翻另一面，这样香喷喷的红豆南瓜饼就出锅了。俗话说得好：佛靠金装，人靠衣装。把豆苗焯一遍，水里加些油和盐，让豆苗看上去更绿。摆盘！哈！就这样一个个金灿灿的红豆南瓜饼就做好了。

啊！靠近一闻，真香啊！看到色香味俱全的红豆南瓜饼真是让人不禁流口水。拿起一块儿放在嘴边都不舍得吃下去，拿在手中观赏一番。这可谓不仅是一项技术更是一项艺术啊！再把它吃到口中，入口即化，香柔甜腻。

看到我做得这么嗨，吃得这么香，你是否也想做南瓜饼呢？那就自己在家动手做一做吧！

如意回卤干

李昕雨

南京作为中国四大古都之一，美食花样百出，每一道都令人回味无穷，尤其是这一道——如意回卤干。

如意回卤干是江苏南京地区著名汉族小吃，就是将豆腐果放入鸡汤汤锅，配以少量的黄豆芽与调料同煮，煮至豆腐果软绵出锅。因在烧制中时常加入豆芽，而其形很像古代玉器中的玉如意，故被称为如意回卤干。

南京作为"六朝古都",历史悠久,南京人也愿意把各种小吃和历史沾上边。就拿这普普通通的回卤干来说,还和明太祖朱元璋扯上了关系。传说朱元璋在金陵登基后,吃腻了宫中的山珍海味,一日微服出宫,在街头看到一家小吃店炸油豆腐果,香味四溢,色泽金黄,不禁食欲大增。他取出一锭银子,要求店主将豆腐果加工一碗给他享用。店主见他是个有钱的绅士,立即将豆腐果放入鸡汤汤锅,配以少量的黄豆芽与调料同煮,煮至豆腐果软绵入味送上,朱元璋吃后连连称赞。从此油豆腐风靡一时,流传至今。

如意回卤干的制作过程并不复杂。首先放少许油入锅,再放入葱姜爆炒,接着放入棒骨煸炒,然后冲适量清水,加花椒、大料、白醋煮制两个小时。煮好之后,将黄豆芽过开水焯烫捞出,与木耳、豆腐果一起放入骨头汤中,煮制几分钟,加盐、味精出锅,放入胡萝卜片即可。这样,一碗香气四溢的如意回卤干就出锅了。虽然制作过程有些漫长,可步骤却很简单。

如意回卤干在许多店中都有,就我吃过的来说,东牌楼夫子庙西广场临河的秦淮小吃城里的味道最好,也最正宗,欢迎大家前去品尝!

我爱我的家乡

冯张欣

如果你能来我的家乡瞧一瞧,你一定会深深地爱上它。

我的家乡坐落在两座大山的怀抱之中，像一颗耀眼的明珠被大山妈妈捧在手心中，绿得耀眼，绿得透明。

　　你如果能停下来瞧一瞧，你一定会看到一望无际的大草原，成群的牛羊、一片碧绿的森林和蓝宝石一般的天空。行走在蓝天碧水之中，呼吸着新鲜空气，心情自然会舒畅。

　　你如果能停下来瞧一瞧，就会发现，最令人向往的，还是那片碧绿的树林。

　　你如果能停下来瞧一瞧，就会知道这片树林的美丽和幽静。行走在这片树林中，鸟儿呼唤你的名字，露珠与你交换眼神，每一棵树都是你的知己，它们迎面送来无边的青翠。阳光似箭一般地打到了脚下软软的树叶上，仿佛一伸手就会接到它一样。走在软软的树叶上，发出"沙沙"的声响，会感觉到无比柔软和舒服。

　　你如果能停下来瞧一瞧，就会发现树林深处有个不知哪个调皮的小孩搭的一个秋千。简单的秋千绑在一颗老树的枝干上。坐上去轻轻摇动它，你会听见古老的秋千发出"吱吱"的声音，回荡在宁静的树林中……

　　你如果能停下来瞧一瞧，就会发现，落日的时候，夕阳是最壮观和美丽的。夕阳西下，金灿灿的阳光仿佛宣告一天即将结束，照得万物金灿灿又明亮。月亮从西边升起，模模糊糊的，而随之出现的是一颗颗眨着眼睛的小星星在天上兴奋起来。黑夜的来临，所有的生物都将进入梦乡，它们依依不舍地向太阳公公告别，同时，也幻想着月亮姑娘今天给它们带来的安眠舞曲。

　　如果你能停下来瞧一瞧，就会发现，月亮姐姐的舞曲十分美丽。月亮姐姐一会儿朝星星们眨眨眼，一会儿让星星们跳跳舞。这是星星们最喜欢的了。只见它们时而成群结队地眨着眼睛，一会儿来个"眼睛二重唱"，好不快活！小草们、小花们、大树们、动物们，都在月亮姐姐的催眠下安然入梦，一切又恢复到宁静的夜晚。

你如果能停下来瞧一瞧，一定会让你流连忘返！

瞧一瞧春天

钱语彤

"碧玉妆成一树高，万条垂下绿丝绦"，"春眠不觉晓，处处闻啼鸟"……古人对春天的喜爱从这一首又一首优美的诗句中就可见一斑了。我最喜欢的季节也正是这万物复苏的春天。让我们来瞧一瞧。

瞧，红得如火的木棉花，粉得如霞的芍药花，白得如玉的月季花竞相开放。它们有的花蕾满枝，有的含苞初绽，有的昂首怒放。一阵沁人心脾的花香引来了许许多多的小蜜蜂，嗡嗡地边歌边舞。

瞧一瞧我喜欢的春天，就像那鱼儿离不开潺潺的河水一样；瞧一瞧我热爱的春天，就像初生的婴儿眷恋母亲温暖的怀抱那样。我每时每刻都在想，春天你能多停留一会儿吗？哪怕是一会儿！

冬天时，每当夕阳和月亮交接时。我都会把对春天的思念抒发出来。心中也想着，春天你什么时候才能来。终于春天到了，我迫不及待地到那刚发出嫩芽的草地上，轻轻地走着，轻轻地抚摸着，生怕打扰了那还没有睡醒的小草。我用鼻子嗅一嗅，嗅到了春姑娘的花粉味，瞅一瞅，看到了那茁壮成长的嫩苗。春天你终于来了，你知道我盼了你多久吗？整整二百七十五天。每天我都度日如年，你知道吗？

春天不知什么时候已经走了，我的脸上还挂着未干的泪痕。昔日庭前那娇艳妖娆的花朵也早已悄无声息地凋零，落入泥土中，仅仅残留着隐隐约约的香气。我曾经最爱的花朵也谢了，正如我如梦般转瞬即逝的幸福，而那泡沫般的幻影更加深了我的孤独。

瞧一瞧春吧，她会给你无尽的美好与幻想。

别样的风景

蒋凯茹

穿过那洞石门，便进入了山区。

我打量着四周熟悉的一切：脚下青灰的石板凹凸不平，路旁翠绿的叶儿蒙着青纱，眼前连绵的高山巍峨耸立。喜欢爬这座山，是因为它独特的风景。边想边走，走走停停，只希望薄雾还会留给我佛头之景。山坡时陡时缓，我对漫山遍野的山枣树与野菊花早已厌倦，便拖着双腿四处寻觅新奇的东西。看，大蜘蛛！我跳到台阶边，盯着大肚细腿的绿蜘蛛和它的网，仔细研究蛛丝的奥秘。也许是我打扰了它，蜘蛛飞快地跑走了，利用保护色与我"藏猫猫"。我一个叶片一个叶片地寻找它，却在不经意间发现了一个更大的秘密——一条路。

那条小路藏的十分隐蔽，虽然不如石阶整齐，却别有一番情韵。我打算去尝试挑战真正的山路了，泥路是湿滑的，远比踩在石阶上舒服。前进一会儿，只见白花花的石群立在眼前，我像攀岩一样四肢并用，终于上升了一定高度。再向上，小路虽平滑却陡峭起来，不时有纵横的树根相阻或遇到立在路中央的松树。低矮的灌木丛中有一种不知名的花朵，像一串洁白的小铃铛，在微风中轻轻摇晃。

到达山顶时已是黄昏时分，我也不知道这到底是在佛头东边还是西边，但我确定，这里的海拔定是在佛头之上，因为我看到了那轮红彤彤的夕阳。没有其他山峦的阻碍，远方的灯火也好像变密了，更加绚丽多彩。当第一缕霞光射向峰顶，我将它踩下作为自己的勋章，我把脚印留在"到此一游"的石碑上，也把这浩渺的景象存入脑海——同一座山，同一座城，同一片天，眼前却是别样的风景，别样的风采。

我在心中默念：也许不经意间，转过一个拐角，尝试另一条路，就会有别样的风景。

我的风景

杨雨菲

学习生活总是枯燥又繁忙的，不知不觉，在忙忙碌碌中又失去了什么，又有谁知晓呢？

去年的某一天，午睡还没睡醒的我，第一反应居然是条件反射似的抓起桌上的笔，开始写早上老师布置的题目。说是做题倒不如说是打瞌睡，昏暗的教室里大家都昏昏沉沉，丝毫不见往日的充沛活力。最后，不知是谁悄悄地拉开了窗帘的一角，让午后的第一缕阳光透进了窗子，逐一敲醒了慵懒的我们。

一位同学实在是受不了这样的气氛，兴冲冲地跑过来一把拎起我，抱怨道："你怎么回事啊，下一节是体育课，怎么还懒洋洋的!"说罢,就将我拖了出去。

"唉!天气转暖,我每天都很困的,好不好。"我比她更不乐意地埋怨道:"谁还要去上什么体育课啊。"

"老师说的果然没错,春天总是那么容易使人犯困。"

春天?我不禁暗暗地想。是啊,春天来了……

我们跑过长长的主干道,额头上就冒出了晶莹的汗珠,草坪上也有细细的露水,好像还微微冒着热气,显得更加蓬勃充满张力。不远处,学校种的一排不知名的树开出一树的芳华。那些花儿在阳光雨露的滋润下才更显得晶莹剔透,连花瓣里的纹理都清晰可见。

我们叫来不远处的女孩们,问道:"这是什么花啊?"她们七嘴八舌地嚷道:"这不像桃花,也不像海棠。是什么呢?"的确,它不像桃花那么清雅、小家碧玉的秀气,是因为它大气而有风度;也不像海棠那么文艺而受名家青睐,是因为它亲民而不清高。它也只想在这短暂的花期尽情地盛开罢了——总有一天,它会因为自己的姿态让人们记住它的名字。比如,现在它的花荫下就多了许多"小花痴"在打量着它呢!春风也作美,轻轻拂过树梢,吹起一阵花雨。女孩子们眼疾手快,托起一朵完整被吹落的花儿,互相嬉笑着插在对方发间。她们欢悦而洋溢着青春光彩的脸颊不知是被艳丽的花儿映红了,还是花儿被她们逗得羞红了脸呢?

正逢春天的我,怎么没有发现春天的朝气呢?被"困"在教室的我怎么就没发现窗外的风景呢?我与春天也仅仅是一窗之隔呀!可为何连心灵的窗户也要尘封起来呢……

瞧吧,我不仅最喜欢的季节是春天,而且在意春天的到来。现在,我终于找到原因了——我的风景,是这美妙的春之锦与这比春阳更耀眼的活力充沛的青春!

一首传统文化的挽歌

——观电影《百鸟朝凤》有感

汪 平

《百鸟朝凤》是一首唢呐名曲，提到唢呐，相信很多同学都不了解，但看完这部电影后你就会知道了。那么下面我来"推销"一下这部电影。

《百鸟朝凤》拥有艺术气息的电影名，是吴天明导演的遗世之作，影片中一种久违的质朴与纯粹，是对中国民族文化传承深深的眷恋，以及对传统文化没落的思考和忧虑。一曲唢呐所吹响的不仅是对逝者的挽歌，更是对中国传统文化执着的坚守，以及何去何从的困惑……

在一个叫无双镇的地方，那里流行吹唢呐，天鸣的父亲从小就想当唢呐匠，可是没有机会学，便把希望寄托到儿子天鸣身上。带着天鸣翻山越岭来到焦三爷家里拜师学艺，为了不辜负父亲的希望，天鸣刻苦练习，坚持不懈，他终于成了接班人，很是风光，天鸣的父亲也为之自豪。但随着时间的流逝，时代的发展，人们开始追捧洋乐队，唢呐匠连养家糊口的钱都挣不到了。就连天鸣的父母都劝他放弃，天鸣依然坚守着这份职责，尽心尽力，但"游加班"的队员都找理由不想干了。为了让"游家班"不散掉，焦三爷给德高望重的逝者吹奏了那首《百鸟朝凤》，尽管吹出了血来，也坚持不懈继续吹，实在不行了，也要让天鸣接着吹完。片尾，焦三爷病重离开了人世，天鸣为他吹奏了百鸟朝凤。这时候，我的眼泪也悄然流下。

这部短短一个多小时的电影，却描绘了一种文化从兴旺到衰败的过程。我们要向天鸣学习，学习他勤奋刻苦，坚持不懈，永不放弃的精神，坚守着这份执着。这也警示我们：在历史的长河里，我们遗弃太多东西了。许许多多我们本应该继承的中华传统，随着时间的推移，时代的改变与进步，渐渐地被人们遗忘。所以，我们应该重新把传统文化拾起来，将它们与新时代相结合，不让中华的传统淹没在时间的长河里。

传承中华民族传统文化不是一个人的事，是大家每一个人的事。所以，从我做起，从一点一滴做起，让我们携起手来，共创美好未来！

挑战自我

——《公主日记》观后感

赵思雯

今天，在朋友的推荐下，我看了一部美国电影叫《公主日记》。十五岁的高中生米亚与母亲生活在美国，但她十分不自信，因为紧张，常常会口吃，也常常遭到同学的嘲笑。就在她十六岁生日那天，她与祖母见面后发现这个优雅的女士是欧洲小国吉诺维亚的女王，米亚正是这个国度的公主。刚开始，她的祖母要求她回到吉诺维亚，继承王位。米亚十分不愿，在母亲的调解下米亚的态度才有所缓和。为了可以顺利继承王位，女王不得不对孙女进行一系列的改造，这令平时生活便不拘小节的米亚十分困扰，甚至跟好朋友之间也发生了冲突。可是，后来米亚的身份被帮她改造发型的理发师揭穿了，她一下子受到了媒体的高度关注，原先嘲笑她的同学都为了让自己走红而争先恐后地巴结她。突如其来的一切让米亚想逃避，幸好在父亲的日记里，她重拾了自信。最后，米亚在一些人的帮助下，顺利地成了女王，也找到了自己想要的爱情。

我觉得片中那个女主人公很了不起，虽然之前总是被人嘲笑，但在经历过公主培训后，就像变了一个人一样，敢于表现自己了。同时我也很羡慕她在片中的爱情机遇，虽然我并不是公主，并没有各种各样荣华富贵和特殊待遇，但是我认为我只要能天天和家人在一起快乐生活就足够了。

如果你感兴趣的话，就去看看吧！

爱，幸福的种子

——观《放牛班的春天》有感

王　溪

这是一部非常感人的电影，以至于每次想起它，眼眶里总是有晶莹的泪光。

　　主角是一个名叫马修的音乐老师,被遣职"池底"辅育院,也就是今天我们说的"问题儿童"学校。"池底"辅育院中大部分孩子都是所谓极其顽劣的"调皮鬼",马修到校的第一天,就亲眼看见院长的处罚方式——既然谁也不承认自己做了坏事,那就随便抽一个孩子去关禁闭!这种简单而粗暴到极致的方法,让马修十分震颤。在上课的时候,孩子们犯的错误,按规定是要汇报到院长室然后关禁闭,马修却只是让孩子负起该负的责任,并没有告诉院长。我认为,正是这种像父亲一样的宽容,让孩子们对马修有了不一样的感觉。后来马修组织起合唱团,音乐唤起了孩子童真的天性,令马修意识到一点——他们,毕竟只是孩子。在澄澈的歌声里,在和煦的春风中,不正是放牛班的春天吗?

　　故事的结局并不那么美好,马修带着一个叫佩皮诺的小家伙,离开了"池底"辅育院,原因是一场大火和院长的愤怒。

　　整部电影中,最让我热泪盈眶的,是孩子们的歌声,每一次他们开口歌唱,声音隔空传入我的耳朵,就像清澈的溪水,淙淙流过山谷时的空灵,充满天籁的叮叮咚咚,我相信,这是孩子们灵魂的荡涤和升华。每一个孩子的眼神,都是一道多么灿烂的阳光,照亮"池底"全部的阴郁,纯洁的歌声和无邪的眼神是孩子心灵澄净的代表,没有一点点污渍和丑陋。是啊,问题儿童也是儿童,而不是问题,甚至可以说,他们每一个都是天使。有人说"没有人生来向恶,只是无情的手把人推向了无尽的深渊",孩子们是无辜的,只是环境让他们被"变坏"……

　　此时此刻,我不禁联想到教育对每个人一生的影响,它贯彻我们的人生,音乐是一种唤醒我们的形式,我相信,唤醒现在童真未泯的我们还有别的形式,所以,这是我的期待,对那种形式的期待,对那些人的期待。

人狗情未了

——观《忠犬八公的故事》后感

朱佳丽

一列火车疾驰而来，遗失下一只年幼的秋田犬"小八"，一个令人潜然泪下的故事就从这里开始……

音乐教授帕克在火车站偶遇一只小秋田犬，左顾右盼也没有发现它的主人，只好将它带回了家中。可却遭到妻子强烈反对，无奈之下，帕克只好四处张贴广告帮忙找寻主人。但当有人想要领养"小八"时，妻子看到女儿和丈夫与小狗玩得很开心，笑得一脸灿烂时，也从心底里接受了"小八"。就这样，"小八"陪伴着全家一起成长着，长成一只金毛飞扬、高大活泼的大狗。一向端庄的教授开始训练"小八"捡球，甚至亲自示范，偶尔还会给八公做按摩。

后来每天傍晚，大家都会看到帕克下班时，喊一句"Hachi"，"小八"就兴奋地扑上去撒欢的可爱模样。可是，不幸终于发生了，狗的直觉通常很敏感。有一天，八公用各种方法拖住帕克，想要阻止他出门上班，甚至破例叼起了球。可帕克并未理解，仍坚持去上班，最终心脏病突发倒在了课堂上……

那天，教授因心脏病突发而永远离去，可"小八"一年又一年地在车站等待，一直坚持了十年。最后，在那个与主人相聚的梦中温暖快乐地离开了。

直视着"小八"的眸子，我的心狠狠抽动着，紧紧缩在躺椅上，心也皱成一团，感动如藤蔓一般缠绕着心房，绽放出一朵朵娇艳的花朵。从来不知道一条狗也能把悲伤诠释得那么深刻，你一生也许有许多需要珍惜的人，而狗狗只有你就满足了。我还是接受不了那样凄惨的结局，泪水不争气地崩盘而出，直到出现演员字幕时，只留我一人顶着一双红肿的"核桃眼"惨兮兮地抱着抽纸盒痛哭流涕。

"小八"，你在天堂遇到了你的主人吗？

校园随想

庄卉莹

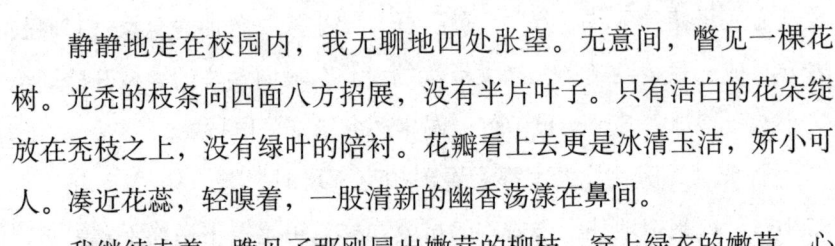

静静地走在校园内，我无聊地四处张望。无意间，瞥见一棵花树。光秃的枝条向四面八方招展，没有半片叶子。只有洁白的花朵绽放在秃枝之上，没有绿叶的陪衬。花瓣看上去更是冰清玉洁，娇小可人。凑近花蕊，轻嗅着，一股清新的幽香荡漾在鼻间。

我继续走着，瞧见了那刚冒出嫩芽的柳枝，穿上绿衣的嫩草。心情是那样的好！脑海里回旋着熟悉的钢琴曲。一切都那样自在悠闲。直到我看见它们……

泛绿的土丘上，有两颗矮小的植物最先映入眼帘。如果说是树，还不如说是灌木更加贴切。一棵碧绿的叶子间，点缀着红艳的鲜花。

一棵叶子枯黄，叶边干枯地向内卷起，上面还有着蜘蛛网。我静静地望着它们，心中波澜汹涌。"为什么？为什么？明明生长在同一片土壤上，吸取着同一场雨带来的甘露，享受着一样的阳光。可为何生命与生命之间差距如此之大呢？"我蹲下来拂去那蜘蛛网，视线锁定在小草上。

是啊！草这种低等生物眼里的人类是它们认为最高等的生物。可到头来，我竟默默羡慕起它们来。草到了春天就吐绿，到了夏天就生长茂盛，到了秋天就结草籽，到了冬天就枯萎、变黄。草的四季似乎比我还要多姿多彩。

生命就是这么神奇。一切都看自己的精神，就像那两棵灌木：一棵欣欣向荣，一棵自甘堕落。这些自然和它们自己的精神与信念脱不了关系。也许有人想堕落地活着。我只想说：连一棵草都那样顽强地活着，为世界多增添色彩。身为比它们不知高等多少倍的我们，又怎能虚度光阴，轻视上天赠予我们的如此高贵的生命呢？

我们的校园

杨敏鹤

我们区的学校大约有五十所，我的学校是其中一所。

我的学校位于南京河西新城区，奥体以西，绿博园以东，占地面积并不很大，但设计非常好，所以看起来既宽敞又协调。走进校园，无处不飘溢着青春活力的气息，现代简约风格的教学楼，富有古典书香门第气息的校史馆，亭台楼榭等建筑和谐、统一。学生们能够在这样优美的环境里学习，真是心旷神怡。

　　由现代化的北门进入，沿着南北走向的车道一路向内，首先映入眼帘的便是足球场。球场较广阔，占地约600平方米，环绕着球场的跑道长300米。继续向南，在右手边便有网球场与篮球场。虽然面积和设施与专业的比起来还有一定差距，但却是我们在课余时间强身健体的好去处。

　　球场对面便是校园内最美的一角了：水榭在人工的假山与池沼的映衬下别具中国古典的韵味；江汉会馆黑瓦白墙的江南水乡建筑风格又为这里增添了一景；人工池的水清澈见底，荷花、睡莲等水生植物布局合理，只是看不到"鱼戏莲叶间"的场面，真是一大憾事。

　　古典风的建筑在拐角处消失了，走过一排花坛便站在了钟楼底下。这里是教学区，现代简约的建筑风格与先前看到的水榭大相径庭。实验楼目前起教学楼的作用，是校园中人气最旺的地方。实验楼高约十五米，其上钟楼则更高。每层楼都有九间教室，另外一、二、三楼分别有化学、生物、物理实验室。我们所在的班级位于四楼，每天总能欣赏到金陵的日出。

　　实验楼的东侧才是真正的教学楼（在建设中），长长的走廊将几幢楼都连在一起，看起来很是美观。所有师生都急切地盼望着教学楼早日完工，让我们的校园更加美丽统一。

我爱我师

许 玥

我的老师很平凡，却在我心里留下了深刻的印象，因为她是一个细致贴心并且公平公正的老师，她就是董老师——我最喜欢的老师。

我的老师是一个很漂亮和聪明的人，我们都亲切地喊她为Miss Dong。她特别体谅我们的学习压力，她的教学方法很特别，在英语课上，她总是把每一个细节，尽量为我们讲解透彻，深入浅出，仿佛有魔力似的让我们把知识点记得牢固。

我的老师是一个细致贴心的人。有一年秋天快接近寒冬了，原本以为外面天气很好的我，穿了一件衣服就出门了，到了学校，才发现天气降温了，我看同学们身上都穿了两三件衣服，我想算了，忍一忍，就一天。让我没想到的是，到了中午，天气越来越冷了，吃完饭后，发现妈妈帮我送来了衣服，妈妈说："你们董老师真好，要不是她，我都不知道，你今天穿的这么少。"我这才明白，原来她早就看见了，于是打电话让我妈送衣服来的，只是没和我说而已。我喜欢她是因为她对我们永远温柔、贴心。

我的老师是一个公平公正的人，在现在这个时代，总感觉所有的东西都可以被金钱所收买，而董老师却不是的。有一年，选区三好，名额只有两个，我作为候选人之一，同学们投票。我得了第二，第三名的票数和我很接近，而且她还是我们学校一位老师的亲戚。董老师说第二天揭晓名单，我心里忐忑地回家了。第二天我来到了学校，如愿以偿拿到了区三好。也许董老师为此得罪了同事，但她从来没有在我们面前流露过一丝不愉快。虽然这件事很小，却深深埋在了我的心里。

这就是我一直喜爱她的理由！

我的另类老师

王 欣

我的数学老师是一个带着趣味儿的"80后"，他很爱给我们取一些好玩的绰号，在课堂上也常常开一些无伤大雅的玩笑，调动课堂气氛。

他是一个胖胖的老师，有着将军肚，眼睛比较小，但总是眯着眼睛乐呵呵的，那本就小小的眼睛更像是一条弯曲的弧线。他总是喜欢穿一件灰色涂鸦衬衫和一条咖啡色中裤，脚蹬一双白色运动鞋，比较随意。

他的提问方式很与众不同，他会让课代表给我们每个人发两张扑克牌，上课就随便报数字花色，据他本人讲是因为不记得我们的名字，这样很方便。

当然，他也给我们班同学起了不少幽默的绰号，我至今还记得老师给我起绰号的情形：

那是一节数学课，大家都对这个风趣的老师存有好感，所以上课也格外认真。我戴着矫正视力的眼镜正低头记笔记，老师看着我打趣道："你这个眼镜是矫正视力的吗？"我其实很讨厌这种问题，因为从小学到初中，他们都在反复问我，不管是亲戚朋友还是同学老师。但我还是朝老师点了点头。老师突然笑了，那条弯曲的小圆弧调皮地跳上了老师的脸庞："原来是矫正视力啊，你这副眼镜很像加勒比海盗！"教室笑声不断，其实我也笑了，我并没有因为这个绰号而感到伤心难过，相反还因为这个绰号在心里高兴了一阵。

　　从这件事以后，我在老师口中的称谓也改变了，是那个让我开心的"海盗"。

　　不知不觉中我已踏上了"黑珍珠号"这艘贼船，跟着我的船长许老师，在数学这片未知海域乘风破浪呢！

栀子花香满车载

  细细观察了下他的模样,三十多岁的样子吧,一头看上去不曾打理的头发,几道皱纹印在眉角,一副好人的模样。身上飘逸着花香,来源便是后视镜上挂着的三朵栀子花,这倒是成了这破旧的出租车上的一道风景。

那一道风景

李 静

　　雪停了，房子上、车子上，还有地上都像是被蛋糕师傅抹上了一层厚厚的奶油。太阳的光辉洒在雪上，像是蛋糕的奶油上被撒上了金粉，让人不忍去踏足。

　　她，裹着长长的围巾，穿着厚厚的衣服，戴着手套，一路小跑从辅导班教室的大门跑到车站，不忍去污染那纯白的雪，便走在人们已经踏过的路上。

　　车来了，她跟着人们一起上了车，摸摸口袋，却发现自己坐车回家的钱不见了。虽然想去问别人借，但是自己在这儿又没有什么熟识的人，又怎么好意思去问人借呢，所以她只能站在车站徘徊再徘徊。太阳的光辉渐渐散去，把天边染红了，也许不忍心她一人站在车站旁，而她也在不停地搓手，希望能感到一丝温暖。

　　"小姑娘，你是不是没带钱，现在回不了家，是吗？"那是一位老奶奶，老奶奶的头发里已经掺杂了不少的银丝，和蔼地笑着，眼角也已有了皱纹，但是穿着补丁的老奶奶却散发出温暖的气息。她听见了，却没说话，只是低下去的头更低了，红着的小脸也更红了。

　　忽然，她觉得手里一暖，抬头一看，只见老奶奶包好了一个红薯塞在她的手里，另一只手也有了两块钱，她低声说："没事，丫头！"

车来了，老奶奶看着她上了车，对着她挥了挥手，然后推着红薯车走了，而她坐在车里，心里却只剩下了老奶奶那爽朗的笑和温暖的红薯。

谁说非要飞流直下，悬泉瀑布才算风景；谁说非要小桥流水，杨柳依依才算风景。她心中的那一道风景却是爽朗的笑和温暖的红薯。

小巷深处

袁 洁

又是这条路，八年，这里有着翻天覆地的变化，唯一没有抹去的就是这条小巷。站在这一端，看着小巷深处的老槐树，槐树下那一抹熟悉的背影勾起了我记忆的涟漪。

槐树下，我们相识，四岁的孩童许着幼稚的诺言：我们要永远在一起。

躺在槐树下，我们手牵着手，你问我："番茄片，你的梦想是什么？""梦想吗？我的梦想是赚好多的钱支持你去做你想做的事，和你一辈子在一起。"我答道。你笑了，只比我大一岁的你用着无比成熟的腔调说："你真好，我只希望，很多很多年以后你还记得我，我们还可以像现在一样。"

一个喧闹的午后，一辆车停在小巷口，车内走出一个成熟稳重的男子，走向小巷的深处。我想起，一年前，你的爸爸狠心离开你出去发展事业，泪眼婆娑的你只是求我以后不要抛下你，我点头。一年后的今天，你爸爸回来了，散发着一种光芒，以一种不屑的眼光打量着曾经的住所。你哭着对我说，老槐树下，我们还会相见。不久后，我也搬离了小巷。

那些年，你叫我巧克力，我叫你番茄片。

记忆被现实所替代，再定睛一看，槐树下那抹背影不知在何时已经离开。悄悄地，你走了，却留下我满怀的惆怅，我只好在这里回忆我们的梦想与希望。

时间的指针一圈圈地划弧，记忆也被裹上了一层层厚厚的罗裙。八年，一个局限，你我之间产生距离，回忆以最后一抹浮影消失在小巷深处。

透过泪珠，前方的一切渐渐模糊，慢慢地后退，小巷的深处化作一点消失在眼前。

栀子花香满车载

金 锐

我向来不喜欢出租车司机，认为他们总是面带怨意，谈吐粗鲁。但，一个普普通通的的哥却使我对他心生敬意。

那天，天色略显阴沉，手表上的时间在一分一秒地流逝着，就要迟到了。一辆出租车在我的招呼之下缓缓靠近，我迫不及待地坐进车里。一缕缕沁人心脾的香气似蜂蜜般使我的内心倍感甜蜜，车中满满的都弥漫着这种气息。"请到上海路xx号,快迟到了,快点!"我坐稳后便急促说道。"好嘞!"只见他的精神抖擞起来了,脸上的慵懒荡然无存,两只原本睡意蒙眬的眼睛陡然间变得炯炯有神、神采奕奕。

扭头细细观察了下他的模样,三十多岁的样子吧,一头看上去不曾打理的头发,几道皱纹印在眉角,一副好人的模样。身上飘逸着花香,来源便是后视镜上挂着的三朵栀子花,这倒是成了这破旧的出租车上的一道风景。

"爱听音乐吗?"他突然问道。我微微一愣,虽感到诧异,但是旋即回答道:"是的。"一曲悠扬的歌曲自广播中传出,使我忘却了迟到的焦虑,芬芳的花香冲淡了我的不安,内心生出对这位的哥的好感。

我们在一个路口的红灯前被挡住,一位身形瘦削,看上去弱不禁风的老人在车流之间穿行,挎着一篮栀子花,在来来往往的车之间来回询问,用那双浑浊的双眼看着一个个司机。司机们有的看向一边,有的连忙挥手拒绝。老人那眼眸中分明有着深深的失望和难过。我想去买一对,只苦于身上没有零钱,便只好避开那道目光。"请问几块钱一朵啊?"那位的哥问道,那老人听了连忙上前来,眼中闪着一丝激动,"一块钱三朵,这很香的。""嗯,好的。来三朵。"咦?车上不是已经有了三朵了吗?他递过钱,接回了三朵花,便将这三朵晶莹剔透的栀子花放在了玻璃前。

绿灯亮了,那六朵馨香的栀子花。不!是七朵栀子花在这狭小的车厢内散发着迷人的芳香。

有一种声音在记忆深处

李若涵

有一种声音，一直都存在我记忆的深处，现在听来，有一种说不出来的熟悉感，仿佛看到了我自己童年的身影。

小时候，总能在路边看到几个卖爆米花的摊贩，那葫芦状的爆米花机，在我的眼里仿佛是一个施了魔法的容器。只听摊主喊了一声："爆米花火了！"那些围在周围的孩子便会捂住耳朵，接着是像打雷般的声音，那些玉米的小小颗粒，就像是争相炫耀一样，开出了一朵朵白花。

那时候，我很喜欢爆米花，却对那刺耳的声音十分恐惧，从不敢独自一人去购买。妈妈像是看穿了我的心思似的，每当摊主吆喝起来的时候，妈妈温暖的手就会捂住我的耳朵。每当爆米花机响起来的时候，从我耳中听到的巨响就变成了闷闷的鼓声。

我总是问妈妈怎么不害怕这个声音，她微笑着说："为什么要害怕呢？那个是爆米花的咒语。"我听了后对那声音来了兴致。后来，爆米花的声音在我心中也仿佛变得亲切无比。那震耳欲聋的声音在妈妈的独特"加工"下，被编写成了神奇的乐章，让我的童年生活不再那么单调、恐惧，而是充满了爆米花的香甜，让我至今难忘。

人生就像是被置于留声机上的一张张唱片，在唱针下奏起回忆的乐章，倾诉着过去的时光，有的已在时间的磨合下音质变得模糊不清。然而，那爆米花机的声音令我难忘，它还是那么响亮，仿佛还是昨天一样，留在我的记忆深处。

倾听生命

丁卓然

读完了《倾听生命》这本书，不禁想起了……

那年冬天，漫天的雪花飘扬，天寒地冻，往日欢快的鸟鸣、鲜艳的花朵早已不复存在。可我还是倔强地、固执地去寻找生命的足迹。

繁华的都市应该是可以找到的吧！我裹紧了身上的衣服，信步向前走去，只盼在严寒中也能找到那热闹的景象。身后的脚印已很长，可还是一点儿头绪都没有。停！等等！那是？哈，果然不错。只见路边，比我稍稍小的孩童们，穿着羽绒花衣，小脸红扑扑的，好像完全没有感到冬天已经来临，依旧那么活泼，那么可爱。堆雪人，打雪仗，把雪球塞到嘴里，把脸埋在雪里……看他们笑得那么灿烂，我仿佛也找回了儿时的童真。

正在我感慨万千的时候，一声厌恶打断了我的思绪。"咦，脏死了。"我回过头却见一个披着豹纹披肩，一脸浓妆的贵妇人正牵着一条狗在对一个乞丐嚷嚷，掩着鼻子快步走了过去，嘴里还喋喋不休道："出来溜个狗还遇到这种东西，倒霉！倒霉！"我端详了一下那个乞丐，头发蓬松，上面落了灰，身上满是补丁的棉袄下面已经烂成了布条。右脚鞋子的前面有个洞，漆黑的脚趾从里面伸出来，手上有个伤口，只拿个已经发黑的绷带裹着。用来乞讨的碗上的搪瓷已经脱落了。他看见了我，眼睛中流露出悲哀的目光，似在诉说一个悲伤的故事。

　　正在我想有所回应的时候，只见一个男子把乞丐扶起来，披上了一件旧大衣，轻轻地扶他去附近的社区医院了。

　　我望着他们远去的背影，觉得那贵妇人真像一块丑陋的石头，而那个默默的男子圣洁、善良与无私的爱就如那可爱光滑的鹅卵石一样，熠熠生辉。

　　那年冬天，暖了……

我认识了你——宝钗

张晓雅

　　初次见你，已是很久很久以前的事了。那时还太小，尚未开蒙，只知照着书一个字一个字地念，又怎能明了你的心思。看了一些人写的感想，也大多是褒黛贬你的。你心思缜密，林黛玉在你的衬托下越发显得冰清玉洁，而你是如此令人生厌。

　　时至今日，虽未完全体察世故人情，但也非当年那般一无所知了。再看你时，方察觉你才是那个时代真正的悲剧。林妹妹的心性，实不是那时的人。你端庄大气，待人亲和，贾府上下处处讨喜，但那只是元春的外表。我想，你的心，该是最像黛玉的。你自小就患有热毒，非常服"冷香丸"不得解。这何尝不是曹先生的一个隐喻呢，隐喻你外冷内热。娴静淑雅的外表下，却藏着"不足为外人道也"的心——被迂腐礼教压迫的一颗火热灵动的心！

住进大观园后，你首次触怒了贾母——屋子过于素雅，清冷的门面讨不到这位贾府皇太后的欢心，你却依旧我行我素。再往后，黛玉不慎念出了禁书的唱词，黛玉再次发病，都是你出言提醒，还送去了珍贵的燕窝和冰糖。贾府的一众名门千金里，能真心对待这寄人篱下的孤女的，也唯有你了。身不由己、情非得已地嫁给宝玉后，又要忍受着同床异梦，乃至最后孤独终老，你全无怨言。

心机手段、胆魄才识，你样样不差，若是如今，定可巾帼不让须眉。如此俊杰，在那个年代，那个世道，却因身为女子，只能终日深闭闺房而不出，可叹可惜！

黛玉似菊，熬过清秋，却终逝于严冬；你如白莲，清风荷香，出淤泥而不染。你们都是中国数千年传统文化浸润出来的精华，同是风华绝代，却各有各的悲哀。

一样的夜雨敲窗，一样的豆蔻年华。我认识了你，宝钗。

爱的乐园

蒋沁凝

童年是美妙的，也是快乐的。我的童年虽不像小豆豆一样过得多姿多彩，但我却羡慕小豆豆快乐的童年生活。

《窗边的小豆豆》是日本作家黑柳彻子写的。文中的巴学园是一所学校，一所专门收所谓的"特别学生"的学校。小豆豆是个在一般人眼中名副其实的"坏学生"，文章第一篇就讲了小豆豆的妈妈和老师的见面，老师说小豆豆在上课时候注意力不集中，不是不停地拉抽屉，就是对屋檐下的小燕子打招呼，要么就是站起来对窗外的宣传艺人打招呼，然后请他们表演，好不容易等艺人表演完一曲，也已经下课了。最终妈妈领着小豆豆到了另一所学校，她没有告诉豆豆她是被退学了的，因为她怕打击她的自尊心和自信心。接着，精彩的巴学园生活才真正开始了……

　　说心里话，我是羡慕小豆豆的，调皮的她碰到了一个超级棒的小林宗作校长。小林宗作校长对幼儿教育有独特的见解，他很有耐心地连续听六岁的小豆豆说四个小时的话而不打呵欠；我也羡慕小豆豆有一个仁慈的妈妈，直到她二十岁之后，妈妈才跟她提起小时候因为太过调皮被退学的事情。

　　巴学园，正是因为这样一位理想的校长——小林宗作校长。他对幼儿教育有独到的见解；他很有创意，会想到用废弃的电车改装成上课的教室；他尊重儿童，拥有着博大的人文情怀。他很有耐心连续听六岁的小豆豆说四个小时的话而不打呵欠；当小豆豆把粪坑里的东西全捞出来堆成一座小山，校长先生只说"弄完之后要放回去喔"！他会细心呵护每一个孩子，哪怕是一个生理有缺陷的孩子。

　　这本书不仅让我记住了"巴学园"，记住了小林老师，记住了一个慈祥的妈妈，记住了小豆豆，还让我读出了人与人之间相互理解和尊重的重要。

等待与希望

——《基督山伯爵》读后感

李雨晨

《基督山伯爵》这本书是法国著名作家大仲马的代表作之一。这本书主要讲述了"法老号"大副堂泰斯受不幸病逝的船长委托，为波拿巴党人送了一封信。在与未婚妻的订婚宴上，堂泰斯遭到两个卑鄙小人和法官的陷害，被打入死牢。狱友法里亚神甫向他传授各种知识，并在临终前把埋于基督山岛上的一批宝藏秘密告诉了他。堂泰斯在十四年后越狱，成功找到了宝藏，成为巨富。从此化名"基督山伯爵""布索尼教士"与"威尔莫勋爵（水手辛巴达）"，对仇人展开了报复，并对恩人的后代进行了报恩。

读完这本书，给我印象最深的就是基督山伯爵为了生活永不放弃的精神，不断地在艰苦的环境中努力地活下去。他曾经在监狱中连续吃了几个月发霉的黑面包，他曾经被人当成尸体在腿上绑上铁链扔进海中，但他却都以惊人的意志力挺过了这一切。在他成功越狱后，他却得知了他的父亲因为没钱被饿死在床上，心爱的未婚妻嫁给了仇人，过去老板的公司濒临倒闭的惨痛消息，而他的三个仇人却都得到了路易十八的封赏，不仅发了财，而且都得到了法国的爵位，成了贵族。这些消息，不但没有打退他复仇的决心，反而使他复仇的决心更加坚定。他根据狱友法里亚神甫在死后留下的一张纸上的线索，在基督山岛上找到了一笔宝藏，他用这笔钱买下了基督山岛与一个伯爵爵位。在到达罗马之后通过环环相扣的设计，最终复仇成功。

基督山伯爵还有一个显著的特点就是爱憎分明。面对仇人，他毫不手软，最终他的三个仇人：一个自杀，一个疯了，还有一个家财万贯的大银行家破产了；但面对恩人，他也尽自己所能去帮助他们，他从死神手中夺出了他原来老板儿子的心爱姑娘的生命，他帮助被背叛的埃及总统阿里·泰贝林的女儿海迪报仇。

《基督山伯爵》这部书塑造了基督山伯爵这样一个代表上帝惩恶扬善的正义形象，让读者不禁为主人公的命运而担忧。

做好每一个细节

王笑悦

我曾经以为，过程不重要而结局才是最重要的，但是金老师对我们说："人生就像一趟列车，到站下车，不在乎目的地，只在乎沿途的风景。"

记得在五年级的时候，学校的文艺节期间举办了"校园安全小品大赛"，身为文娱委员的我无疑要以身作则，而且这将是我小学阶段最后展示的机会，我想为自己留下一段美好的回忆。

经过一段时间的辛苦排练后，我们终于在自己紧张的心跳中迎来了比赛。啊！真不幸，抽中了第三号，这么靠前，名次一定不好了。满脑子都是紧张失败后，同学们一张张失望的脸。我怕，我怕忘词，我怕有突发状况，我怕我们排练的小品根本一点儿都不好笑。好不容易到我们了，我反而一点儿都不紧张了，我开始享受比赛的那一个过程，享受我在台上的每一分每一秒。我仿佛化身为我所演的那个角色，脑海里满是开心，是否赢得名次已经不重要了，我只知道向观众展示我最真诚的笑容，让同学们欣赏我们有趣的小品。直到我们谢幕下台后，我才恍然发现，啊！我们的比赛已经结束了。

那一刻，我突然怀念起在台上的每一分钟，那个美妙的过程。从那以后，我真正明白了："人生就像一趟列车，前往目的地的过程才是最值得享受的。"

只要努力了就好

杨慧敏

火柴不会因熄灭而哭泣，因为他曾经燃烧过；雄鹰不会因折翼而沮丧，因为他曾经飞翔过；花儿不会因为枯萎而伤心，因为他曾经绽放过；我们更不应该为了失败而气馁，因为生命的价值往往不在于结果，而在于过程。我们要享受过程才能看淡得失，获得快乐。

在我求学的过程中，有酸也有甜，同样有苦也有辣。最酸的是坎坷，考试不及格的时候，我会为没有给老师争气而感到自责；备受委屈的时候，我会为不够成熟而感到辛酸；犯错误的时候，我会为没有认真思考而感到后悔。最甜的是友谊，几年的友谊浓郁醇香，甜在心头。从刚入学时我们互不相识到逐渐走近，再到无所不谈。与同学们共同走过几年的美好生活，怎能不甜？最苦的是奋斗，为了未来的梦想，为了最终的目标，我必须付出艰辛的努力。天刚亮就起床抓紧背诵，晚上抓紧时间来完成作业。远离了电脑，放下了手机。最辣的是批评，为了让我成为"高徒"，我的老师真是煞费苦心啊！与和风细雨的谈心相比，我对狂风暴雨般的批评更有体会。当我深信"读书无用"论时，当我沉迷小说时，当我不能理解父母时，老师的批评让我热泪盈眶。痛定沉思之后，除了感激，除了奋斗，我别无选择。

生活，让我成长起来。这个过程非常的惊人，我长大了，懂事了。品尝着酸甜苦辣的滋味。这个过程就像人生百味，不论好坏，你都要去品尝。人们对于事情，往往只在乎结果，过程中的成长和快乐，付出和汗水，却被遗忘了。

溜冰的感觉

程 晨

在做一件事的过程中，有快乐，也有痛苦。但是，无论结果如何，对我们每个人来说，都是一种成长，一种磨炼，一种学习。

暑假期间，写完作业后，我总会自己一个人出去散步。在公园里，当看到一群群小朋友在成群结队地溜旱冰时，我也想尝试一下溜旱冰的感觉。

晚上，吃过晚饭后，我穿着溜冰鞋，和妈妈一起到公园里去练习。一开始，我连站都站不稳，就先一个人扶着路灯练习怎样站稳，当我一松手，身体就开始不停地晃动，脚也开始不听使唤地滑动。我尝试了多次后，才站得稍微稳了些。我心里还在不停地窃喜，既然都能站稳了，那么一步一步地开始溜应该不是问题了吧！可是，事情并没有我想象中那么简单。于是我又开始扶着道路边上的长椅开始小步地溜，松开握住长椅的手后，站得还挺稳的，但当我迈出右脚时就像踩了香蕉皮一样，"啪"的一声，重重地摔在了地上，我禁不住尖叫起来，嘴巴却又被自己的手给捂住了。我在心里默默地鼓励自己：要坚强，这点痛算什么，跌倒了就要爬起来。

我从地上站了起来，拍了拍裤子上的灰尘，又继续练习。在接下来的练习中，我又摔了好几次，腿上也有好几处地方磨破了皮，还泛出了血。经过无数次的艰苦训练，我已经学会慢慢地溜了，心里别提有多高兴了。要不是穿着溜冰鞋，怕又摔着自己，我早就跳到一米高了。

我笑着溜到妈妈的面前，妈妈看到我手上和腿上的伤后，还开玩笑道："怎么那么像刚打完仗回来的'战士'呀！"我不好意思地笑了。

溜冰，看起来是一件很简单的事情，但其实是很辛苦的。溜冰的过程虽然很累，也很疼，但是我很享受这个过程。

欢乐大厨

杨菁菁

　　成功的结果令人高兴，失败的结果令人感伤，然而这些都不重要，重要的是享受过程，并从中得到快乐。

　　小的时候还没什么感觉，到了高年级我才蓦然意识到长跑是件多么辛苦的事。从开学的第一节体育课开始就测试了八百米长跑，至今我还记得跑完之后的浑身酸软和气喘如牛，从此跑步在我心中就升级为一件恐怖至极的事。但是现在，我却很享受跑步的过程。每次跑步都让我感到心情舒畅，虽然脚很疼，腿很酸，呼吸也困难，大汗淋漓中的我却仿佛卸下了千斤重的压力，每天学习的压力就这样烟消云散了。在跑步中，精神上的快乐早已超过了身体上的痛苦，让我觉得很享受。

　　在学校我享受跑步，在家里我最享受的事是烧菜。

　　现在，炒菜成了我享受的一件事。当初，我最不愿做的事就是炒菜。周六晚上，妈妈突然要教我炒菜，我十分不情愿，但母命不可违啊！西红柿炒鸡蛋？这对我的诱惑是极大的啊！亮晶晶的小眼睛期待地望向妈妈，妈妈一下就看出我的企图："不行，自己做！"我垂下脑袋，只好认命了。我慢吞吞地将鸡蛋往桌上一磕，将蛋液放进碗里拌好，然后打开煤气，等着妈妈教我。妈妈熟练地做了起来。没过多久，香气飘了出来，我口水直流。当妈妈叫我再做一遍时，我表情凝固，手忙脚乱，一会儿放油、加味精、撒盐，一会儿被烟呛，一会差点儿烧焦，但我的心情却渐渐好起来。终于，一盘色香味俱全的西红柿炒鸡蛋出现在餐桌上。我望着这盘自己付出了努力才做出的菜，傻乎乎地笑了……

在我们做任何事情的过程中，总会有些小插曲和小波折，但是我们只要抱着享受过程的心态去完成，结果一定是别有一番滋味在心头。

我被克隆了

蒋凯茹

一天繁忙的学习过后，晚上回到家里，疲劳的我一下子就躺到了床上，手一抓，居然抓到了一张宣传单：你会为一天繁忙的学习而烦恼吗？你会为学习而感到无奈吗？电话123456为您解决一切烦人的问题。看到这一广告我又惊又喜，便怀着好奇心，把电话按了下去，电话那头有一个清脆的声音在说："您好，这里是克隆人服务公司。请准备您的三根头发，我们将在三小时后来取。"

"咚咚咚"一阵敲门声，原来是来取头发的工作人员，取完我的头发后，他对我说，三天后开始为我服务，服务期限是一年。很快三天就到了，克隆人开始为我工作了，我给她取了一个名字叫"晗晗"。第一天我让晗晗代替我去上学，心想：有个克隆人真好，有些讨厌的事都不用我来面对。由于是第一天我有点儿放心不下晗晗，所以偷偷潜入学校看看她的表现，我趴在班级门口的窗台上。现在正在上英语课，晗晗的表现还不错，上课认真听讲，积极举手发言。看到她的表现我就放心离去了，这一天下午，我离开了校园生活在外痛痛快快地玩到晚上才回家，回到家后扑面而来的是妈妈做的香喷喷的饭菜，今天的饭菜好丰盛啊，我忍不住偷尝。我这一举动不小心被妈妈发现了，她制止了我，并说："不要偷吃，等晗晗回来再吃。"顿时我心里就不是滋味，自我安慰道：算了，看在她今天表现还不错的份上就不和她计较了。第二天，我又来到学校偷看晗晗的情况，下课了我看见晗晗和我昔日的好朋友玩得很开心，比和我在一起的时候还开心，我心中的怒火再一次冒上来。这才第二天，晗晗就夺走了我这么多东西，时间久了，她是不是要夺走我的一切，好友想想就心烦。

我可不想让晗晗正大光明地抢走本属于我的一切，于是拿起手机打给克隆公司要求退货。几天后，我又恢复了本来的生活，心情也好多了。

经历了克隆人这一事件，让我更加珍惜身边所拥有的东西，我才明白了如果天下都是克隆人，那我们的世界不就大乱了吗？

给哆啦A梦的一封信

郭静宣

亲爱的哆啦A梦：

你还好吗？

你不认识我，但我却是爱着你的。

你是一只不完整的机器猫，你的双耳在多年前的一次事故中失去了，但这丝毫不影响你的听力，因为你是神通广大的机器猫啊！你有蓝色的球形脑、身体、手脚，你圆乎乎的器官看起来是那么可爱。你胸前有一个万能的口袋，它是一个百宝箱。看过这部动漫的我们无一不期盼着能有你胸前的那个迷你却万能的口袋，虽然我也是其中的一员，不过我更欣赏的是你和大雄的品质，更感动于你们之间发生的点点滴滴。

大雄是一个懒惰胆小的中学生，他不爱学习，经常被同班高大威猛的胖虎同学欺负。每当这时，他总会带着一身伤和一双祈求的眼神去找你，而你也很同情他，多次帮助他。他不写作业，你给他自动做作业的笔；他考试前脑袋一片空白，你给他记忆面包；他上学迟到，你给他竹蜻蜓；他被人欺负，你给他反弹手套……你虽然不情愿但还是会去帮助他，这似乎已成为一种习惯，大雄过于依赖你，而终有一天，你要回到本属于你的地方——未来世界。这对于相处多年有深厚感情的你们来说是多么残忍，虽然你们不愿接受，但仍要面对现实。大雄说他会勤奋，他会勇敢，请你相信他，相信你下次回来会看到全新的他！

祝

早日回归！

来自不同次元的你的粉丝
21世纪初

别有天地

朱 玥

　　文学世界是个硕大的世外桃源，细细品味，你会发现，这里别有天地。

　　跟着鲁迅，我漫步在他的百草园和三味书屋，我和他一起抓小虫，一起观赏植物。我和他回到乡下老家，坐着小船和小伙伴们一起嬉闹、玩耍、看社戏。小河旁的芦苇可高了，像是一片被水淹了的森林。不时有萤火虫飞到我身边，像是和我打招呼。天上繁星满满，耳边时不时传来蝈蝈的叫声，迅哥儿在和他们商量怎么偷豆荚吃，而我蒙着块手帕，躺在船上，任由船桨把凉丝丝的河水打在我身上，听着虫儿的交响乐，享受着远离喧嚣的静谧和凉爽。

　　跟着莫泊桑，我来到一个小厨房，看着这位年轻漂亮的女士，她为自己的负债辛苦地生活，昔日的璀璨夺目早已烟消云散，她穿着粗布衣，慵懒地把头发挽在脑后，灰头土脸的样子遮盖了她所有的光芒，脸颊两旁的泪痕诠释着她的悔恨。屋梁上结着蜘蛛网，窗户也不经风雨的摧打，外面的天空灰蒙蒙的，厚重的乌云卷着大雨，残忍地惩罚那可笑的虚荣。

　　跟着曹雪芹，我观览着大观园。精致的雕花、唯美的彩绘，还有那迷人的风景，真正让我体会到这个大家族的繁荣。无忧无虑的夫人小姐们在亭子里作诗，亭下澄清的湖水中布满了一片荷花，真可谓"接天莲叶无穷碧，映日荷花别样红"。这时，一位美丽的少女坐在亭子边，手里拿着小扇，忧郁地看着远方，她在思念她江南的老父吗？清风吹过她的秀发，也吹起她将滴落的泪水，吹落在水面上。游来的鱼儿啊，难道你也思念你的母亲了吗？

跟着李白，豪游山水，痛饮美酒。你会发现，盛唐繁荣之外，别有天地。跟着三毛，你会发现，在意大利和德意志的壮观古迹之外，别有天地。跟着张爱玲，来到旗袍摇曳、华灯缤纷的旧上海，你会发现，远离这尘世喧嚣，人的内心深处，别有天地。

细细品读，深深回味，当你的心和作者融为一体，你会发现，在这文学的殿堂中，别有天地。

我好想环游世界

刘思雨

"啊！世界那么大，我想去看看！"现在正上科学课，老师在介绍外国的风土人情。我又禁不住开始遐想了。

我的热气球降落在非洲大草原上。这里的动物数不胜数：斑马、狮子、河马……我拍了几张狮子的照片。有的狮子妈妈在教小狮子狩猎，有的狮子在相互嬉戏、打闹，还有的在互相梳理毛发。

我又开着汽车朝城市出发了。那里的大街小巷，到处都有一些乞讨的儿童。我不禁起了爱怜之心，伸出援助之手，给他们送去一些资助，愿他们可以健康度过童年。

　　很快，我又坐飞机来到了旅游胜地——泰国。现在正处于欢乐的泼水节。"啊！"不经意间，我被几个孩子从头到脚灌了个全湿。我也拿起水枪，对准他们。他们也拿出水枪朝我"开枪"。我们欢乐地度过了一下午。后来，我去了泰国的动物园。在动物园里，我和各种小动物合影，我还喂大象、骑大象。骑在大象的身上，感觉一颠一颠的。上山坡时，感觉人在向后仰；下山坡时，感觉人要栽下来了一样。后来，我还看了大象踢球、画画，可有趣了。

　　几天的泰国游便结束了，我来到了日本，来到了富士山。

　　现在是四月，日本的樱花开得正旺。粉的、白的，你不让我，我不让你，都开满了花赶趟儿。放眼望去，铺天盖地的樱花，开满了整座山。这里就像是一片花的海洋。抬起头，透过花的缝隙，阳光直射进来。我闭起眼睛，感受着樱花的幽香，微风的轻抚，阳光的沐浴……

　　"刘思雨，请你回答这一题。刘思雨，刘思雨同学？"我猛然醒来，原来那一切只是一场梦啊！但愿未来，环游世界不再是我的梦想！

我爱你，南京

沈世伟

　　夜幕降临，路边的灯全都开了，城市的霓虹绚丽多彩，仿佛没有了白天因为职场生活和繁忙的工作带来的压抑感，使人更加放松愉悦，沉醉于这一刻的美好生活，爱上了这个城市。

还依稀记得几年前的我刚来南京的景象，虽然当时也只是一个牙牙学语的孩子，但也隐约能感觉到大城市的美好生活即将到来，兴奋激动得小手直拍。

那年我来南京上幼儿园，刚开始家庭条件并不是那么富裕，但年少童真的我什么也不懂，只是一直憧憬着美好的城市生活。后来，随着年龄的增长，我褪去稚嫩和幻想，变得更加理智和懂事，也渐渐地发现大城市的生活并非小时候幻想的那么美好。随着视野的开阔，我也发现了大城市的不完美，人与人之间也许因为忙碌而心的距离越来越远。偶尔也会怀念在老家和我一起玩耍的小伙伴们了，那时我们都很容易满足，都在穷开心。现在的我明显感觉到了大城市带给我的幸福，我可以接触到很多美好而又新鲜的事物，但这些在家乡就不一定会接触到，所以，我渐渐喜欢上这座城了。在这里居住的时间越来越久了，我也对这座城市产生依赖感，也在不断接受这座城市的方方面面。

现在，我在这座城市也生活了好几年了，虽然算不上土生土长的地道南京人，但好歹可以凑合称自己是半个南京人。这些年南京和我一样成长，我见证着南京的变化，南京见证着我的成长，南京这座城市越来越美好了。

夜幕又降临了，暂时告别白日的喧嚣，我们又迎接霓虹闪烁的夜晚。我想我爱上了南京这座城！

南京的巷子

朱智虎

　　清晨，一缕阳光透过乌云射向大地，唤醒了沉睡中的大地，同时，也唤醒了我。

　　看着窗外晴好的天气，我决定出去走走。

　　漫步在南京的大街小巷，看着我长大的地方，我总有一种无法言喻的感觉，因为南京太美了。

　　雨后的南京，让我沉醉。雨后初阳，阳光既不刚烈也不微弱，给人一种舒适的感觉。由于是周末，车辆行人稀稀疏疏，给人一种宁静的感觉，我漫步在大街上，感受着这座城市的呼吸，仿佛不觉间，我也和它同呼吸了。

　　一转弯，便进入了一条巷子里，雨过天晴，巷子像被冲刷过一样干净，与大街上不同的是，小巷中的居民早已起床，为这一天的生活忙碌着，热闹非凡。我承认，我是一个安静不下来的人。所以我不喜欢乡村的那种寂静，我感觉那太可怕了，我更喜欢城市中的喧嚣与热闹，这才是我所适应的生活。看着小巷里的孩子们无忧无虑地玩耍，我笑了，这才是一个孩子应该有的天性啊！漫步在小巷中，我感觉到了一种呼唤，一种强烈的呼唤。不知不觉中，已经走到了尽头，看着我面前的这一堵墙，轻轻地抚摸着墙上的纹路，我感觉到了它那悠久的历史。

回家后，妈妈焦急地看着我，问我跑到哪儿去了。我看着妈妈急切的目光，露出了一个微笑，说："我去感受这座城了！"

我爱南京，不仅仅因为这里的景色、历史，更因为，这儿承载了我与家人太多美好的记忆。

爱上一座城

方嘉豪

那是一座小城，也是我的家乡。当爱上一座城，载着回忆的城，它不会消失，也不会被遗忘。

儿时的我在乡间的泥土路上走着，清晨的阳光铺在泥土路上，蒸出露水与豆香。山间的水汽，被射过树木的阳光，照亮成一丝丝的。鸟儿的鸣声百听不厌，真想坐在那儿静静地聆听，轻轻地呼吸。这种画面，犹记在心。

有时我还能走到河边，那儿的水与山，可谓"两岸青山相对出"。水多么平静，山多么安静。河边偶尔会看到一片稻田或是一户人家，山间的阳光不亮不暗的，好像只有黄昏与夜晚一样，总是与这儿的宁静共绘一片仙境。

景美，人更美。

我们家的小院子，当初可是最豪华的，在我心中，他是最美丽的。爷爷与奶奶对我都非常好。最让我深爱的便是我们三个的和谐生活。那是一个黄昏，我站在石头做的阳台上面，望着远处的石房子与田地，太阳在云朵后面，为云朵镶上金边，仿佛爷爷奶奶与我一样。爷爷在院中的龙眼树下摘着龙眼果，奶奶拿着一个小水壶在院里浇花。哦，他们的动作，慢慢地，似夕阳下一幅美丽的剪影。

爱上一座城，它有美丽迷人的风景。

爱上一座城，它有疼爱我的爷爷奶奶。

爱上一座城，它是我魂牵梦绕的家乡！

同里的小桥流水

陈孙婕

灰色的屋檐上挂着水帘，一旁的小桥上奏着乐曲。蒙蒙的烟雨中飘着芬芳的气息，平静的水面画出优美的线圈，这就是我爱上的那座城——同里。

南京也是灰蒙蒙的雨季，天空泛着惹人怜爱的白，树梢挂着无数亮晶晶的小珍珠，剔透可人。本已退去的冬衣又重新穿上，在这如水一般被滋润的空气中还是泛着些许凉意的。望向窗外的那片宁静，不由觉得与古城同里有些许相似。

同里古城有着江南惯有的建筑风格，小桥流水人家，青白色的墙上刻画着岁月的痕迹，尖顶卷起的瓦片上带着水光，透着晶亮，平静的水面如明镜般衬着那拱桥所表现出的美丽弧线。"唰——唰——"那明镜被船桨声所划破，那份原本的静美的画面被渔人嘹亮的歌声所取代。青色蓑衣，暗黄斗笠，似是收获颇丰，脸上在细雨的映衬下有着淳朴的笑意，还真是见证了那句"青箬笠，绿蓑衣，斜风细雨不须归"啊！这样一幅静美淳朴的画卷如在眼前，显示出同里这优美祥和的美景，让人怎能不爱？

"喂——糖稀呦！"远远就能听见那真挚淳朴的吆喝声。走进细瞧，那泛黄的陶瓷罐中装着类似蜂蜜一般晶莹剔透的糖浆，空气中飘着那甜甜的香气，让你忍不住咽下口水。只见那个手艺人用一支筷子挑起一团，用两手翻绕几下，递给我说道："多转几下，泛白才好吃！"于是我在他的指导下，将两只筷子拉长，绕成一个圆圈再从中间穿过去，十分有趣。这小小的糖稀就像变戏法一般在我手中飞舞着，待到微微泛白后咬上一口，真是甜到心坎儿里！这样一个被甜香充斥着的同里，怎能让人不爱！

我爱这座城，爱它那静雅的环境，令人平静，更爱那甜甜的糖浆"甜充"那份生活的快乐！

老师，我想说

昌宇梦

亲爱的卜老师：

您好！

知道吗？我生平最大的遗憾之一就是没能留住您，没能在您身边多待一会儿。

虽然我们只在一起相处了一年，但是感情已经培养出来了，这是不可抹杀的事实。一开始，我以为您会陪我们走到毕业，还特别抱怨，说您留的作业太多了，到后面还不得写死啊！可是事事不如人意，老天偏要和我们开这个玩笑。巧了，您刚好不是我们学校的，我还自欺欺人地高兴了一把。我错了，我真的错了！

　　老师！我们曾经在背后给您取过绰号，我会在您身后比比身高，乐呵一番，想来也好笑。有一次送订正作业给您批改的时候，我偷偷在您头上做了一个兔耳朵的手势，开心了好半天，其实我自己也不知道有什么好笑的。但是，以后永远也做不了了！

　　老师，您的办公室在图书馆，一吃完午饭，我们有事没事就喜欢去溜达溜达，哪怕是在那儿发呆，吹吹空调也是有趣的。每次我们看到图书馆开着灯，就知道你一定在。后来发现了个巧合，您在的时候，您的车会停在学校里二到三楼中间的小窗户可以看到的地方。每次您到班级来，我们是又喜又悲。害怕的是您改作业时突然改到我的，哪题错了你就会不厌其烦地和我讲解；喜欢的是我这样就可以在您身边多待一会儿了，我喜欢您给我讲解时的侧颜，很美，很美。

　　老师，我想您了，真的好想您！
　　祝：桃李满天下，笑口常开！

学生：昌宇梦
2015.9

老师，我爱您

周　缘

亲爱的卜老师：

分别时的余温还在指尖，您可还记得？

"再见，卜老师！"我们几个一起站在您的窗前向您道别——再见！明知这是最后一次，但每个人却都一副开心的样子，可谁都知道在转身的那一刻，自己会忍不住哭……

现在回忆起来，自己忍不住微笑着流泪，好像就去年一年我就被您找到办公室无数次，每一次您都会和我语重心长地谈上好一段时间。

还记得那次，"丁零零"熟悉而又期待的铃声响起了，走过您的办公室，只见透过窗户您向我微笑着招丁零零手。我心中忐忑着走进办公室，您立刻拿出几颗糖果说是奖励我作业写得好，得了100分。我高兴得跳了起来。

上课了，班上鸦雀无声，平时可都是闹哄哄一片。卜老师看自习，总是感觉时间过得很快，因为我们一直都在认认真真地写作业，感觉安静而又美好，不一会儿就放学了。只见卜老师到我们班上来说一句："丫头们，放学几个人一起，别一个人走。"（因为我们有时放学迟，天黑得早。）然后自己默默地一个人走了。现在还能回想起来，才真正明白什么叫失去，什么叫珍惜。那一句"几个人一起"，听着多么不起眼，多么简单，可又有几个人会对你说这些？当时的确不把这些当回事，现在感觉自己是那么愚蠢。自己身边的东西当时没抓住，现在失去了，才来懊悔！

那次，得知你可能下学期不教我们了，我们哭了，我们都哭了。那时，我们像个孩子，那么脆弱，那么弱不禁风。

您还记得吗？去年我的期末数学考了满分，您是那么地开心。临走时，您对我说的话我一直都还记得："丫头，看！努力是有效果的，可能以后再也不可能考到一百分了，但是千万要努力……"我的泪水在眼眶中打转，我在你面前哭了，哭得那么彻底。

如果时光可以倒流，我多么希望时间可以永远停留在上学期。您临走时的那一声声"再见"时时回荡在我的耳边，那些语重心长的话也深深刻在我的心里，我永远都不会忘记您。风会记得一朵花的香，而您就是风中最美的那一朵！

祝您永远幸福！

您永远的学生：周缘
2015.9.25

您的鼓励对我很重要

易文静

亲爱的卜老师：

您好！

卜老师，您走了之后我很想您，我至今还记得我和你说过的最后一句话——再见。我曾努力，求得"免写卡"，但是，但是兑换不了。每当我路过图书馆的门口我都会想起您，透过窗户仿佛看见您在办公桌前。每个周三，因您在那里，我都会去借书。现在您不在学校里了，我都没有去过图书馆了，因为在那里，有着太多令人难忘的美好回忆。

卜老师，我想您是对我影响最大的老师了。我从小数学就不是太好，所以也不喜欢数学，但是对于我，您还是充满了期待。那一次，我上完第一节校本课程后，数学课代表通知我下一节课下课去你的办公室，我当时的好心情便一下子飘到九霄云外了。那一节课我坐立不安，全程都不在状态。我失魂落魄地走到楼下，您在窗户那里向我招手，这是我第一次进您的办公室。您找我是因为我的成绩，我当时就哭了，您也急了，您安慰我，还鼓励了我。从此之后，我也没想到自己能以平常的对待一个朋友的心态与您相处。

卜老师，现在我既怀念又后悔。我怀念您上课偶尔开的一个个小玩笑，怀念您叫我"丫头"，怀念您在讲台上小小的身影，怀念好多好多我喜欢的或是厌烦的有关您的事物。我后悔没有在您的课上积极举手，我后悔因粗心而做错的题，我后悔没在课后多问问您我还没有弄懂的题目，我后悔我没有在您离开之前考得更好一些。在您离开之后，我后悔的太多太多！

上个学期期末，我的数学成绩有了很大的进步，您夸奖了我，所以我就下定决心要把数学学好。我暑假主动要求补课，完全是因为您眼神中对我的赞扬和我从来没有在任何数学老师眼中看到过的期待。上学期听说您要走，我就心神不宁，我努力告诉自己，小道消息不能相信。朱婷婷也为这个消息而落泪，您来班上解释后我就一直担心。果然，您还是离开了我们。我才知道不好好珍惜眼前，失去后才

后悔！

　　卜老师，我是真的真的非常非常非常想您。我一定不会辜负您对我的期待，把数学学得更好！

　　祝：

　　工作顺利，笑口常开！

您的学生：易文静
2015.9.24

您的爱与我同在

尤思瑜

亲爱的卜老师：

　　您最近好吗？

　　我们在上个学期放暑假后，便再也没有见过您了。那个暑假，班里很多人都很着急，怕您下个学期不教我们了。现在换了老师，但我们永远不会忘了您。

　　我现在时常想起您让我到办公室里辅导我；时常想起您上课时不停地关注我，把发言的机会让给我；时常想起您对我的鼓励……这些都历历在目。期末考试那一天，您对我说："期末考试对你肯定有难度，但是你要加油，不管考成什么样，只要你努力了就行了。"我那时真的无法想到那是您对我说的最后一句话，最后一句鼓励的话，然而我却辜负了您的希望。

我和同学们时常望着楼下的图书馆，想起您，想起您与我们聊天，给我们讲解题目，但是您现在不在了，班上没有人再去借书了。那个地方承载了太多我们在一起的回忆，您发的免写卡，我收好了，舍不得用。我总会盯着您写的我的名字，那是您的笔迹，多么珍贵。这寄托了我们多少的爱，寄托了我们多少的回忆。那一年的时光中，我们有多少的感情，在这一时刻，我们对您的感情加深了，那就是思念。每当数学课时，我就会想起您写黑板字时，总会踮起的脚，想起您说，开始写数学题，想起您上课的声音就萦绕在我的耳边，想起您……

　　在这一年中，我们之间产生了爱！在这一刻我在哭，旁边的易文静在哭，我们想念您了，卜老师！下次我们去看您！先说到这里，下次再写信给您！

　　祝：

　　您现在的学生像我们一样爱您！

您的学生：尤思瑜
2015年9月24日

栀子花香满车载

这个春天，我很忙

每天上课那沉闷的气息，连窗外的小鸟都不敢打破这份紧张。所有的同学都埋头奋笔疾书。在干什么呢？这就不得不说每天多到极点的作业。每天望着一黑板的各种作业，连有的老师也为我们悲哀，甚至有老师出手相助，挤出课上时间供我们写作业。

那一刻，我真懊恼

龚雨菡

那一刻，我真懊恼！

大家一定不陌生一句话：人生如棋，一步错，步步错。我是亲身体会到了，一次国象比赛的一步错棋，使我丢失了一次"升级"的机会，让我懊恼至今。

前年我参加了"南京市青少年国际象棋大赛"。一共要比拼七场，上午四场比赛我发挥得还不错，3胜1负积3分的成绩，轻松地结束了上午的比赛。

下午的战局准时拉开了帷幕。走进安静的赛场，我既兴奋又紧张。很快我找到了第一个对手，开始了比赛。我一直都占着上风，轻松获得了胜利。这样我的局势就很乐观，再赢一场我就能升级啦！从其他同学口中得知，我的第二个对手来头不小，听着听着心里就越来越紧张。我怀着惴惴不安的心情找到了第二个对手，可能是太紧张了导致开局不利，不过乘着对方掉以轻心的时候，我抓住了她的漏洞，慢慢扭转了局势。最后，我俩僵持不下，只好握手言和。

最后一场比赛终于开始了，这次的对手有点小特殊，是个外国人，她来自叙利亚。我心想：如果我赢了国际友人，那可以骄傲好久了！于是，我仔细斟酌地下着每一步，可她却错误百出。很快，我们就打入了"残局",我一直都占有很明显的优势。这时我以为胜利在握了,出棋开始随意起来。我打算用我的"后"将对方的"王",可却在摸子的时候没有发现她的布局有一个陷阱,当我手触到"后"的时候才发现,但为时已晚。果不其然,我的"后"光荣牺牲了。而我,受到这个影响后彻底泄了气,又连错几步,真是"一着不慎,满盘皆输",而她乘胜追击,没有再给我反击的机会。我遗憾地输掉了这场关键的比赛。

那一刻,我真的非常懊恼!只是一步,就痛失好局,让我再次与"升级"和"获奖"失之交臂。

那一次,我真感动

李 享

上周五,我校举行秋季运动会,大家都争先恐后地报名参加,我也不例外,参加了不少项目。

上午比较轻松,只有300米×4接力和立定跳远。

下午我首先参加令人闻风丧胆的女子800米。当我临上阵时,已经吓得双腿发软,说明白点就是想打退堂鼓了,朋友见状,一会儿为我加油打气,一会儿帮我克服心里的那道坎,一会儿又给我做了一个全身按摩,让我轻松上阵,并且让我在跑步过程中谨记8个字:重在参与,量力而行。

只听"嘘——砰——"的一声,比赛正式开始。

我如离弦之箭冲了出去，很快一圈接近尾声了。无意间，我瞟瞟后方，甩下了不少选手，不禁有点儿小兴奋。可惜天有不测风云，也许是我没有记住"谦虚使人进步，骄傲使人落后"这句老话，有些嘚瑟了，低烧和扁桃体发炎的难受一步步向我逼近，不巧，偏偏腿伤又犯了。只见，我的速度渐渐慢了下来，和后面的选手本来相隔天涯海角，现如今却只有一步之遥，我有些小失落……

这时我的耳边传来一阵阵加油助威的呐喊声：

"加油，快到了！"

"你可以的，相信你能超过她，加油，冲啊！"

……

是同学们！我瞬间燃起了斗志，不顾疼痛，艰难地迈着灌满了铅的腿，豆大的泪珠，霎时从两颊流下。这泪水不仅是因疼痛流下，更多的是感动。此时，我心中只有一个信念：为班级荣誉而拼搏，为不辜负同学扯着嗓子为我加油而努力，疼对于我来说算什么？十米，九米，八米，七米……最后不到一米了。"啊！耶！"我超过了她，获得了第二名，可以说我与第三名只有不到1秒的差距，真是"不把自己逼上绝路，你根本不知道自己的潜力有多大！"

一跑完步，依稀看见同学们朝我飞奔过来，把我从跑道上扶起来，小心翼翼地扶我去休息区，给予我赞扬和鼓励，我顿时觉得当时的咬牙一冲是多么得值得。

那一次，我真感动！

留在记忆中的鼓励

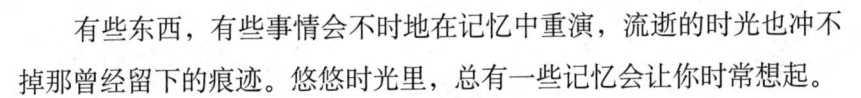

惠馨雨

有些东西，有些事情会不时地在记忆中重演，流逝的时光也冲不掉那曾经留下的痕迹。悠悠时光里，总有一些记忆会让你时常想起。

还记得那天，风轻云淡，明明深秋已至，但那温暖的阳光，却让人不觉想起慵懒的春日。

午后的体育课，总是让人兴奋的。鲜红的跑道上站着整装待发，散发着青春气息的我们。

"嘟——"的一声哨响，一道道如风一般的身影便直直地飞射出去，是的，我们正在测试八百米跑。我奋力地迈起双腿，一次又一次地告诫自己：不要放弃，要超越之前的自己。很快，一半的路程已经跑完了，而我却气喘吁吁，疲惫不堪，摇摇晃晃的身体好像随时要倒下似的。但这时候，我却听到了同学们的鼓励：

"惠馨雨，加油啊！""惠馨雨，再加把劲儿，快到终点了！"一句又一句的加油声不绝于耳，我仿佛被重新注入了动力，又一次加快了速度。但是效果还不那么显著。

"惠馨雨，你这个大胖子肯定不行！"一个声音如雷贯耳地让我一惊，回头一看，只见到那一张笑盈盈的脸和一双充满鼓励的眸子。"这鼓励的方式还真是特殊啊。"我轻笑一声，小声呢喃着，然后一咬牙，拼尽全力向前冲去。

虽然成绩并不是最优秀的，但我已经尽力了。我知道那个鼓励起到了巨大的作用，在最后的关头，我突破自己，达到一个新的高度。

这个留在记忆中的鼓励，我还真不希望它消散在过去。

留在记忆中的一句话

贾茉涵

光阴似箭，时光流逝，我却对那件事记忆犹新。

那还是两年前，一天，语文老师给我们留下了一个"艰巨"的家庭作业：向父母说"我爱你"，这对于我这个不善言表的人来说，比上刀山，下火海还要难。没办法，师命难违，只能硬着头皮冲咯！

走在放学路上，我似乎比平常慢了许多。唉，虽然我很爱我的父母，但这么"肉麻"的话也难以出口啊！

回到家中，我早已把作业写完，只剩下那项作业了。我对着镜子反反复复地练习，"不行，表情不够自然"，"要富有感情"，"不行，动作太僵硬"……我就这样对着镜子练习了N多次，信心满满，打开房门，昂首挺胸地走到妈妈面前，妈妈问："有事吗？"我顿时像霜打了的茄子，说："没事，没事，转悠转悠。"妈妈瞪了我一眼，说："有什么好转悠的？不好好学习，皮痒了是吧？"我赔着笑，退了回去："不痒，不痒，好得很呢！不劳母亲大人费心了！"回到房间，我不禁舒了一口气。唉，你说，做个学生怎么那么难呢？

刚才怎么回事,我竟然怂了,不行不行,太丢人了,连这种小事都做不好,将来怎能成大器?我再次走出房间,正赶上妈妈在烧饭,我走了上去,说:"妈妈,我爱你!"妈妈听得不太清楚,问:"啊,你说什么?"我红着脸,凑到妈妈耳边说:"妈妈,我,我爱你!"妈妈愣了一下,一把将我搂入怀中笑了,说:"我也爱你!"那时,我觉得自己是世界上最幸福的孩子,我的妈妈是天下最好的妈妈!

爱不可以等待,爱要大声说出来。那一次,是我记忆中最深的爱,那是永远留在记忆中的一句话!

唉,好烦呀

贾茉涵

"唉!"说起我的烦恼,我未免要唉声叹气一番!

我的烦恼就是个子矮。我已经上六年级了,身高竟然连一米四都不到。爸爸妈妈没少为我操心,可我也没办法呀!在外面,不少人把我当成三四年级的小学生。

就拿上个星期的事说吧。那天,我在走廊上背英语课文,隔壁班的一群女生在离我不远处聊天。其中一位高个子女生朝我走来,趾高气扬地问:"小孩,你几年级的?"我抬起头看了看她,心想:天哪,这女孩比我整整高一个头,可我都已经上六年级了,她才五年级,跟她说我六年级了,感觉好丢人啊!我装作没有听见的样子,继续看英语书,那女生见我不回答,飞快地掀起我的英语书封面,想看一眼，我来不及防备，当她看到封面上写的"六年级下册"，大吃一惊，眼睛瞪得比铜铃还大："你都上六年级了，怎么长得还没我高？"我很尴尬，干咳了几声。女生又跑回她的同学那儿，指着我大声说："你们看那个女生，她都六年级了，还没我们高！"她的同学听了，纷纷附和："她还没有我们高，怎么可能上六年级呀？""就是说嘛！我看她顶多才上三四年级！"我听到这些话，羞得满脸通红，跑回了教室。

唉，在学校被别人讲讲也就算了，可我在过年那么喜庆的日子还要被亲戚议论身高。

今年过年，姑姑一家来我家走亲戚，姑姑看到我，问："贾茉涵，今年是不是上四年级了？"我尴尬地说："姑姑，我都上六年级了。"姑姑很惊讶："什么，你都上六年级了，怎么还那么矮？"妈妈在旁边接话："吃饭吃得少，挑食，在她们班上是最矮的。"我在心里埋怨妈妈：妈妈真讨厌，总是说我的硬伤，还让不让我开心地过年啊？姑姑又说："贾茉涵，一定要多吃一点儿饭，不然长不高。"我强颜欢笑，冲姑姑点了点头。

唉，身高是我的硬伤，但潘长江叔叔说过："浓缩的都是精华"，我要振作起来。

我的减肥计划

徐嘉良

什么！我又胖了，胖了两斤！怎么会这样！

唉，自从我上了三年级，肥肉就一直跟着我，我也想减肥，可我觉得锻炼太累了，吃药太贵了，于是我选择了另一种方法：节食！我像小和尚一样，敲着木鱼，嘴里一直说："不吃、不吃、不吃……"可我越说越饿，当说到晚上的时候，我已经饿得不行，心里想："睡觉吧，睡着就不饿了。"可我饿得睡不着呀，饿得我头昏眼花，把电风扇看成一张大饼了。我想数绵羊可我把绵羊看成了羊肉串，越数越饿，就想去冰箱里拿点儿吃的，结果我越吃越饿。冰箱里的东西都被我给吃光了，节食减肥不成功，还胖了5斤。

节食不行，我就运动消耗脂肪吧，我跑呀跑，跑呀跑，还没跑到三分钟，我就已经大汗淋漓、气喘吁吁。跑了十分钟，我已经觉得嗓子眼在发热了，想死的心都有，差一点点就要中暑了，要不是前面有个快餐店，我真的就要倒下去了，于是我强撑着跑进去，又点了一份牛排、粉蒸肉、四喜丸子……总之应有尽有，为此我又肥了6斤。

只剩下最后一个方案了——吃药！我在淘宝上买了一个甩脂机，又买了一箱"灸就瘦"和减肥茶，还买了一大盒减肥药——数不胜数，开始行动！go! go! go! 第一天甩的时候，把减肥茶、药丸、灸就瘦，全都用在了身上，别说了，我差点儿就要全部都给吐出来了，再这么搞下去，我迟早要死，又全扔了，浪费了我六百多块钱。唉，只好去地狱——健身房了！到了那里，天天生不如死，又是举杠铃，又是跑步，又是游泳，天天如此，没完没了，痛不欲生。最让我气愤的是，忙了这么多天，我才瘦了3斤，实在是太不公平了。我简直要被我的肥肉给气哭了！

　　肥肉啊肥肉，你什么时候才可以走啊？

这个春天，我很忙

刘思雨

　　"春眠不觉晓，处处闻啼鸟"，不知不觉春天已悄悄来到我们身边。同样，新学期也开始了，一切都是新的开始……

　　眨眼间，我们已经是高年级的学生了，是整个学校中辈分最高的学生了。同时，我们面前也隐藏着一个巨大的拦路虎——毕业考试。

　　刚开学没几周，老师至少给我们洗了五次脑了："马上要毕业考试了，同学们要收收心，在学校多做些作业，回家就可以多做些练习了，为毕业考试做准备。"我们都知道老师这么说是为了我们好，但是说一遍也就够了吧，没有必要说这么多遍吧！哎！

　　狠的还在后面呢。为了这个毕业考，我们老师也是蛮拼了。每天各科作业加起来是不会少于五项的，上课速度也加快了，有时重点都是一带而过。像我这种"猪脑子"哪里能记住呢？要不是我动作快，把课堂重点全部记下来，测验就等着考零分了。按照以前的进度，开学三周第二单元能学完就已经很快了。现在呢？第三单元都快要学完了！天啊，根本无法接受啊！每天上课那沉闷的气息，连窗外的小鸟都不敢打破这份紧张。所有的同学都埋头奋笔疾书。在干什么呢？这就不得不说每天多到极点的作业。每天望着一黑板的各种作业，连有的老师也为我们悲哀，甚至有老师出手相助，挤出课上时间供我们写作业。这时，所有同学立刻从抽屉里抽出已经打开的作业本，奋笔疾书。没有一个人愿意浪费时间。窗外的小鸟不时"悲鸣"几声，似乎也在同情我们，恨不得也帮我们写点才好呢！

回到家里，迎接我的便是"成群结队"的各种练习。现在学习的都是小升初的内容，远远超出我所想象的范围。每天为了各种练习，要杀死多少脑细胞啊！从早做到晚都忙死了。题目资源哪家强？当然要数辅导班！每周都有四个辅导班，每门都有作业，而且作业量还不少。不仅多，而且烦；不仅烦，而且难……看着那变化莫测的题目，我只想说一句："臣妾不会做啊！"

天啦！这个春天，我很忙！

妈妈偷看我日记

许　衡

昨天早晨，我发现妈妈在我房间的书桌旁转来转去，一开始我没在意，后来才发现妈妈好像在找我的日记。察觉这一情况后，我急得火烧眉毛，因为我日记里有许多我的小秘密，而这些秘密都是我不想让别人知道的秘密，包括妈妈。

于是，我将计就计，趁妈妈出去的时候，我迅速给我的日记转移地点。我应该把日记藏哪儿呢？藏书包里？不行！藏抽屉里？那更不行！唉！到底该藏哪儿呢？对了！藏床底下。哈哈！这下妈妈就找不着了。我藏好之后就到客厅吃饭去了，在饭桌上，看妈妈无精打采的，还唉声叹气的样子，我就暗暗得意，心里想：哼！谁让你想偷看我日记的？

第二天放学回家，我立刻跑进房间关上房门，爬到床下看看我的日记本还在不在。竟发现我的日记本封底朝上躺在那儿，咦？我明明是把封面朝上放在那儿的呀？我心里凉了半截。

吃晚饭时，妈妈看着我突然问："儿子，你奶奶给你的钱，你为什么没告诉我？"啊？妈妈怎么知道奶奶给我钱的？我转念一想，这件事只有我知、奶奶知，还有我的日记知，难道妈妈真的偷看了我的日记？我已经意识到我那可怜的日记已经是难逃一劫了。气愤得涨红了脸，冲妈妈嚷道："你怎么可以这样？偷看我的日记！"饭也不吃就跑回了自己房间，狠狠地关上了门。

后来我才知道，妈妈要我天天写日记就是为了看我的日记。虽然我知道妈妈是担心我性格内向受人欺负，为了我好。可是，妈妈，你也要想想我的感受啊！

这就是我

沈梦冉

我叫沈梦冉，爸爸希望我梦想成真，冉冉升起，所以给我取名为"梦冉"。我是一位地道的南京人，2005年7月13日，我诞生在这个美丽的世界！

我的相貌很普通，把我丢到人群中很难再挑出来。但是我偷偷告诉你，我的胎记可长在脸上哦！如果不仔细看，还真看不出来我脸部的左下角有一块胎记。由于我的皮肤比较黝黑，所以这个"脸部的缺陷"隐蔽得可好了！我想，一切都是上天最好的安排，所以我也不会为自己长得黑而自卑。如果我长得白，我的胎记不就暴露无遗啦！

我的兴趣爱好是唱歌、跳舞、听音乐。我喜欢听安静的情歌，也喜欢听欢快的英文歌。一首好歌，往往可以让人泪流满面，让人如痴如醉，更可以让人激情澎湃、热血沸腾。当我静静地插上耳机，坐在一旁，细细品味歌曲的一字一句时，便觉得整个世界都是我一个人的了，这是音乐的魅力，也是我喜欢听音乐的原因。

我的性格比较双面，如果你和我玩得很熟，就会发现我是一个外表冷静、内心狂热的人；反之，如果你和我的关系还没有太亲密，我就成了一个几乎一言不发的少女。我的优点：平时比较听话，同学有困难，都能伸出援手。我的缺点：有一点儿傻，记性也不是很好，经常会智商不在线。就因为这个缺点，同学给我取了一个绰号——"傻冉"。虽然这个绰号并不是很好听，但能看出我和同学们的关系很好啦！

　　我家离学校有些远，所以每天6点钟就起床了，每天接送都是60岁的爷爷负责。爸爸妈妈平时很忙，妈妈是幼儿园老师，爸爸是司机。还有一位两岁半的弟弟，平时都是我奶奶照顾。父母对我管束不是很严格，大多都是靠我自觉。我不是富二代，家庭也很平凡，我们都喜欢用实力打拼。

　　我的座右铭是：如果梦想有捷径，那这条路的名字一定叫作"坚持"。就像韩愈说的："书山有路勤为径，学海无涯苦作舟。"没有谁最努力，比的是谁更努力，这一直都是我学习的初心。不忘初心，方得始终！

　　来者不拒，去者不留，欢迎和我做朋友。这就是我！

产品介绍

李楚晗

　　产品名称：与李白同姓，名楚晗。

　　性别：与妈妈同性。

　　产地：地球、亚洲、中国、江苏、南京、建邺。

　　生产日期：二〇〇五年教师节（九月十日）。

　　性格：活泼好动，热情开朗，不内向。

外貌：我有一头黑中带黄的长发，不过一般以单马尾出现在你面前。一双小眼睛，不过每天都戴着一副高度近视眼镜，有五百五十度高！我的嘴巴俗称"天下大嘴"，吃遍天下美食。

优点与不足：本产品在文言文方面比较擅长，开始学习文言文比较早，小学高年级时已经将一本文言文训练阅读集做完了。现在的我，文言文张口就来。同学们在学校开始接触文言文时，有好多同学不会的文言文就来问我，连下课都不闲着哩！可是我有一个美中不足，就是有些小粗心。记得在一次数学期末考试中，本来可以考一百分，可因为一道口算题，扣了零点五分，最终一百分与我失之交臂。

爱好与特长：本物爱好葫芦丝，常常在家中自学葫芦丝，妈妈在网上为我购买了葫芦丝乐谱书，每周周末，都要拿来吹两首。现在的我，已经能吹出几首来了。我有一个特长，也是我最骄傲的地方，也就是我的书法。书法是我的拿手绝活，两年前，我被妈妈送进书法课堂，开始了书法学习。可在半年前，因为我的眼睛问题，无法继续学习书法，只好放弃它。可我只要有时间就练一练手，至少那一年半不是白学的呀！

理想：我有一个理想，就是将来考上师范大学，毕业后当一名老师。为上不了学的孩子们，提供一个好的教学环境，并且让他们也能读到书，上到学。当然，还有一个原因，因为我的生日为教师节。

怎么样，我还不错吧？忘了告诉你了，我可是爸爸妈妈的"无价之宝"哦！

我心中最亮的那颗星

沈小妹

我有一个喜欢四年的偶像，他就是当红组合TFBOYS中的一位成员——易烊千玺。四年前的我，与如今是截然不同的，是我的偶像让我变得开朗，成为更好的自己。

那是一次北京飞往重庆的行程，按照"追星族"的通常惯例，粉丝们往往都会去接机，并且拍照视频。我看到的一段视频是这样的：易烊千玺与另外两个成员一同下了飞机，粉丝们开始疯狂躁动，大声呼喊着他们的名字。就在他要与粉丝们分开的时候，他深深地鞠了一个90度的躬，摘下口罩，大声地说了一声"谢谢"。粉丝们望着他，他也不时地转过身来，向粉丝们招招手，冲我们礼貌地微笑，感觉他就像我们的朋友，没有一点儿"明星的架子"。

了解易烊千玺成长经历的人应该都知道，他从小持续不断地学习各种才艺，这并不是来自于家长的逼迫，一切都是他为自己梦想努力的坚守。他在成长过程中迷茫过，失落过，但是他依旧清楚地知道什么对自己才是重要的，什么才是自己想要的，是值得自己不懈努力的。用他的话来说，这一切磨炼，都是一个帅气的男人所必须要经历的。

十三岁就出道的他开始了其他人二十三岁才开始的人生。他在享受着粉丝们满满宠爱的同时，也承受着这个年纪少有人承受着的恶意和否定。但是他并没有陷入矛盾之中，而是在别人的否定中不断地努力，谦虚地学习。易烊千玺也许并不完美，但他在一步步地做到更好。如今的他已经是颇有成就的17岁的帅小伙，在这整整四年的过程中，有许许多多别人看不到的艰辛。

他更是一个孝顺的孩子，却无法尽到自己的一片孝心。他长年在外面奔波、打拼、学习，与母亲在一起的时间更是没有多少。我还记得上次千玺煮面给妈妈吃时，红了眼眶，更记得他背过身去偷偷流下的眼泪。他是一个坚强的男孩，他和普通人没有什么两样，只不过他在追求自己的梦想并且成功了。就像他说的："哪有什么一夜成名，从来都是百炼成钢。"

这就是我的偶像——易烊千玺。他就像天空中的星星，遥不可及，却又那么近，仿佛就在我的身边，是我学习的动力源泉。

我 的 偶 像

仇铭婉

"我们的青春年华，单纯而美好，青涩而迷茫，好似粒粒种子随风飘散，孤独穿过悠长的夜空，而那点点繁星即是我们追寻的方向。"在我茫然寻觅的岁月里，是他的光芒照亮了我前进的道路，他就是我的偶像——王俊凯。

王俊凯，他是TFBOYS的队长，1999年9月21日出生，英文名

karry，代表作品有《青春修炼手册》《大梦想家》《长城》等；助阵央视《梦想新塔挡》并成为第二季的公益加油大使；代表重庆八中参加"全国学生联会第26次大会"……他不断地通过自己的努力获得这么多展示自我的机会，让大家更加了解他，关注他。

王俊凯在穿着上喜欢朴素、干净却略显宽松的衣服。黑色柔顺的短发，明亮的桃花眼，笑起来不知温暖了多少人。最引人注目，令人印象深刻的是那可爱的小虎牙。他那精致无可挑剔的五官，有棱有角的脸部轮廓却有着一丝柔美，那走路带风，让人羡慕的"一米八"大长腿，也成就了他"王俊腿"的称号。在这样美好的容颜，清瘦的身材背后，谁知道他到底经历了多少辛酸。

开始到公司当练习生时，有很多小伙伴陪着他，渐渐地陪伴他的伙伴们受不了训练的痛苦和渺茫的星途，纷纷选择了退出，可是他却选择留下来，他比以前更加努力，不断地参加各种比赛，他常常一个人练歌练舞。只是他话却越来越少了，有时累了就偷偷地哭，哭完后又继续练习。他有低血糖，每当头晕的时候，他就喝一杯糖水继续练习。在追梦的路上他经历了太多太多，他所挥洒的汗水灌溉了青春的梦！他终于成为超人气偶像团体TFBOYS的队长。

他总是说的少做的多，平凡又完美，他有着太多那个年纪不该有的成熟和冷静，他是个不缺铮铮骨气的中国少年。他用空闲的时间给粉丝们点赞，被粉丝们说是"点赞狂魔"时也只是傻傻地笑。他在节目中气场全开，但私底下也会有着小害羞。

他们是始于颜值，陷于才华，忠于人品！TFBOYS组合带给我们的信念是"既然选择了远方，就要风雨兼程"！

校园的四季

陈宇翔

虽然我们的学校仅是一座名不见经传的小学，但我们的校园却是一幅丰富多彩、有声有色的美丽画卷。我们樱小的人都喜欢。

春天的校园富有生机。经过一个冬天的严寒洗礼，光秃秃的树干吐出毛绒绒的新芽，抽出嫩绿的新叶，准备孕育出新的花果；鼓胀胀的玉兰花含苞待放；树丛间都是叽叽喳喳的鸟叫；教学楼里传来朗朗的读书声。到处都呈现着生机勃勃。

夏天的校园充满活力。随着天气越来越热，树丛灌木都已退去黄绿的披肩，换上了太阳公公精心搭配的墨绿裙装。枝繁叶茂，郁郁葱葱，在太阳的照耀下金光闪闪，分外耀眼；栅栏上的蔷薇花更是争奇斗艳，吐露芬芳；花丛中成群结队的蜜蜂忙忙碌碌地飞来飞去；树丛间的蝉鸣不眠不休；一张张笑脸，奔跑追逐、躲闪嬉闹，永不疲倦，呈现了一幅欣欣向荣的景象。

秋天的校园叠翠流金。一场场秋雨、一阵阵秋风过后，银杏树换上了金装。高挑的树干，庞大的树冠，金光灿灿，一阵风吹过来，落叶缤纷，像是群蝶飞舞，又像是摇钱树落下了漫天满地的金币。

冬天的校园则有另一番情趣。尤其是大雪后的校园，到处银装素裹，阳光下银光闪闪。踩在雪地里咯吱咯吱地作响，好像在演奏活泼快乐的乐曲。同学们有的在打雪仗,雪球大战呼呼飞;有的在堆雪人,还拿女生的红围巾围在雪人的脖子上,雪人憨态可掬甚是可爱。我却有一项新作,躺在雪地上,双手双脚来回摆动,很快一个完美漂亮的高脚酒杯就会呈现在你的面前。同学们嘻嘻哈哈,格外开心。

我喜欢我们的校园。

最爱那座城

郑雨轩

一座城市,必定有吸引你的地方,你才会爱上它。大大小小的城市我也有去过,但我最爱的,还是我的家乡——安徽芜湖。

我爱芜湖,那里的四季都那么让我留恋。

春天,风清。

世界万物都已复苏,花儿争奇斗艳,天空也湛蓝了许多,就连平凡的小草,也不放弃对阳光的渴求。我呼吸着新鲜的空气,顿时神清气爽,仿佛摆脱了书本的压力,来到另一个令我流连的世界。这时我会坐在草地上,和煦的阳光沐浴着我,我听着音乐,静静地享受这个"世界"带给我的美好。

夏日,蝉鸣。

初夏,阳光透过树叶洒下一片绿影斑驳的年华。这儿,蝉的鸣叫也不再那么令人聒噪,却显得悦耳动听。阳光似乎是上天赐予的礼物,照耀在树木上,显得那么朝气蓬勃,就好似备战的我们蓄势待发。这时，我走在河边，用手轻触水的清凉，感受这个夏日。

秋天，飘香。

最有象征的便是枫叶，好似心中燃烧的一团火焰。有位诗人说得好："停车坐爱枫林晚，霜叶红于二月花。"秋天，也是个硕果累累的季节。我走进菜园，吃着自家种的蔬果，心中涌起自豪与喜悦之情。

冬日，雪飘。

"撒盐空中差可拟"就生动地比喻了雪，但我更赞同"未若柳絮因风起"，因为家乡的雪软软的、绵绵的，用手接来，抑制不住心中的喜悦。树儿们也都换上了新装，这儿的景象，用粉妆玉砌来形容再合适不过了！

每个季节，我对家乡都有特别感受，这何尝不是家乡独有的韵味？我爱我的家乡，它旖旎的风光永远牵绕着我！芜湖，我爱你！

别有天地

赖碧莹

当一处景载着一份感情，就会别有天地。

去黄山的车上与一位老人聊天时，老人谈到北海景区。在他心中，北海景区是黄山最美之地，他年轻时就是在那儿结下美好姻缘的。"我老伴当年很漂亮，大大的眼睛，烟雾缭绕都挡不住它们的光芒"，我虽然听得出神，但暗暗想，其他景色应该也不错吧。

不出所料，第二天，沿着山间栈道一路往上爬，岩石垒起的高山近在手边，无限风光尽在脚下。可到了半山腰，稍微有些疲惫了，我回头一望，来路苍苍；抬头一看，更是长路茫茫，我有些畏惧了。这时，老人绘声绘色的神情浮现在我的脑海中。"接着往上，就是北海景区了，或许那里真的别有天地！"我这样想着，迈开了向上的步履。

抬着有些沉重的腿，背着大包，我坚持往上爬。天气阴晴不定，时而耀眼的日光让人不可凝视，时而乌云翻滚似有瓢泼大雨，空气中的水汽重重地压在我身上。等我爬上山顶时，已经累得气喘吁吁。但是此刻，微微抬头，云消雾散，阳光透过树叶的间隙，圆圆的光斑洒落在我身上。俯瞰来路，壮阔不已，一座座山峰如丛林密布，一道道山路如蛇腰婉转。好美！我不由感叹。

阳光洒在我的身上，微风撩起我的额发，静静地坐在山顶，我想象着一个妙龄女子用满腔的柔情和满心的欢喜，承接了她这一生中最重要的决定。那时那刻，是不是也像现在这样，任凭云雾附着气流，时而回旋，时而飘动，时而弥漫，时而舒展？身在高处，看云雾在头顶缭绕，恰如披着轻纱的女子。此景此情，别有天地！

站在北海景区的最高处，旁边的山峰山势高俊，千峰万壑，烟云弥漫，山形树影，时隐时现，美不胜收。我想，时光吹动着年华纷纷扰扰，年轻的容貌已经倏然苍老，但是高大的山体依然还在，美丽的故事依然还在，动人的情感也一直都在。细细体会，别有天地！

从未如此晴朗

陈 帅

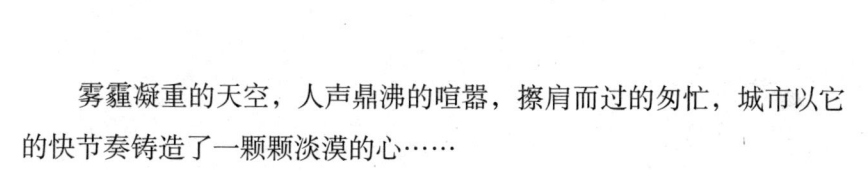

雾霾凝重的天空，人声鼎沸的喧嚣，擦肩而过的匆忙，城市以它的快节奏铸造了一颗颗淡漠的心……

那一日，我随爸妈回到了故土。

汽车从高速路下到农村小道上，我好奇地张望着，记忆中泥泞的道路已不见身影，取而代之的是一条延伸着的水泥路。

爸妈说，下车走走吧。我应和着，脚步触地的一瞬，泥土香甜的气息钻进了我的心里。并不宽阔的水泥路两边，是大片大片的田野。正值麦苗吐芽的季节，它们悄悄地拱动着颗颗松软的泥土，探出头来瞧瞧这可爱的世界。欢喜的心情像阳光一样灿烂、晴朗。

不知不觉，就走到了故乡的旧屋旁。老屋究竟是老了，墙面已经斑驳了许多，墙角处一块块浓绿的苔藓，还印着水渍。我用手抚摸着老屋的墙壁，一看，手指上染上了一层灰白色的尘灰。呵，墙壁上居然露出了我儿时画上的横七竖八的线条，歪歪扭扭的小猫小狗。童年里的欢快便这样不期然地闯了进来，心中灿烂的阳光也跟着洋溢了起来。

转头，爸爸和许多亲戚一起走了过来。我这才注意到，他们的房子虽然翻新了，可是与以前一样，大门都是敞开的。"怎么回来也没提前打电话呢？"一个亲戚操着家乡口音说。大家有说有笑，我们从这家串到那家，都是熟悉的声音，都是亲近的人。我许久没见到这么热情而真挚的笑容了，当一份温情融进心里的时候，世界仿佛从未如此晴朗。

傍晚，我们要离开了。几个亲戚送我们到公路，路过河道时，看见杂草丛生，细脚的虫子在水面上蹦跳；路过老树时，风从面庞吹过，我看不到，却想伸手去抚摸。很多小花开在道旁，夕阳在它们的面颊上抹上了嫣红的胭脂，略带羞涩又美丽动人。

坐在车上，感觉我的世界从未像如此的晴朗。好心情，随风飘荡，溢满阳光，好暖，好暖……

那一抹记忆中的色彩

吴怡萱

人世间有许多美好的记忆，犹如一串洒满祝福的紫风铃，又像是一首清纯且隽永的抒情散文诗，每当回味，它们常常带给我许多温馨和感动。

我是奶奶带大的。小时候特别爱哭，奶奶总是用她那有力的大手拍着我，用浓郁的山东口音轻唱："噢——噢——睡大觉，老猫不要嗷嗷叫……"那是奶奶的催眠曲。我躺在她怀里，在一摇一晃中，安稳地睡熟……

奶奶的性格里透露出山东人特有的倔强好胜。记得有一次我和小朋友在外面玩，胆大的小朋友在玩荡秋千，可我除了眼馋，就怎么也不敢上。奶奶见状，一把把我拉到秋千旁："上！奶奶在后面扶着你，不用小胆气！"在经历几次惊恐的洗礼后，我终于会荡秋千了。当秋千把我荡到高处时，阳光正透过郁郁葱葱的树叶洒在我身上，顿时我感到自豪而惬意！这时奶奶的脸上也露出了得意的笑容，逢人便说："我孙女会荡秋千了！"

转眼间，我要上幼儿园了，奶奶也要回山东了。在临上火车的一刹那，我仿佛看见奶奶用衣袖擦了擦眼角的泪水，当时的我不明白这意味着什么。

一晃数年，当我再次见到奶奶，我几乎认不出了。花白的头发，眼角的皱纹更深了，原先能把我举高高、硬朗的身板不见了，由于类风湿的毛病，奶奶变成了步履蹒跚、行动不便的老人。这时，一阵秋风把地上散落的黄褐色树叶吹起，吹在了奶奶的身上，我不禁鼻头一酸，上前一把抱住她，哽咽地叫着："奶奶！"奶奶伸出关节已有些变形的手拍拍我的后背："你长大了，奶奶也老了，抱不动你了。不中用啦！"我听了这话，心里有个声音在说：奶奶你永远都是那个能抱我睡觉，能带我荡秋千的奶奶，永远都是！但是话在嘴边，却怎么也说不出来，只知道拼命地摇头。

"时光时光慢些吧，不能再让你变老了，我愿用我一切换你岁月长留"。生命中总会有那么一抹记忆，因为它的独特，被标上不可复制的色彩。在我的记忆里就有那样一抹专属于奶奶的色彩，伴随着我的童年，成为我生命中最美的风景。

清明小记

周 诠

思

年年清明，今又清明。又是一个未返乡的清明，虽才离乡不到两个月，但却如同二十年没归还一般。守着窗儿，仰望着那宁静而又深远的天空，心想这时我的亲友们是否已经进入深山，去祭扫那已逝的先祖呢？

愁

清明翌日，我愈发思念家乡。

上午，仰望天空，天似乎未如此阴沉过，它为何如此阴沉，是为愁吗？下午，我路过一片海棠丛，发现海棠已经落花满地，憔悴如多病体弱的女子，她为何如此憔悴，是为愁吗？黄昏，云在哭泣，淅淅沥沥的小雨便是泪滴，他们为何而哭，是为愁吗？

闭上双眼，故乡便在眼前浮现出来。我想是这空虚与寂寞，使我对家乡的思变成了愁，因此这万物在我的眼里也蒙上了一层愁的面纱吧。

风

夜晚，雨越下越大，风也刮了起来，"呜呜呜——"的风声似乎是在为在外不能归乡的游子感到惋惜。雨小了，风却不停，闭上眼，风的哀号在耳畔回响。我又睁开双眼，仰望了那深远的天空，心想，我何时才能重返故乡？风啊，你可否将思念寄托于你，随你直到那我魂牵梦绕的地方呢？

清明怀想

王若曦

"清明时节雨纷纷，路上行人欲断魂。"我撑着伞，散步于雨幕之中，心中正犹如这灰暗的天。

我的外公如今已至天堂，今日的雨，是祭奠他的。我怀中之花不是刻板的菊，而是独枝的白玫瑰。还没有完完全全地绽放，我觉得有些生动，恰如外公一世未曾完全展现的才华。只是它还能等到花开，而他却已经凋落。

想到这儿，我便有些动情，雨幕之间有些朦胧，烟雨缥缈，模糊了双眼。在我的印象中，外公的眸是发亮的。他第一次接我放学时，老早就等在校门口。学校旁边有一蛋糕店,他就看准了那个带巧克力的,放在袋子里小心地拎着。看见我从人群中出现,欣喜地招手,再递给我蛋糕。自始至终,都是带着满脸的笑。我叉一块蛋糕送到外公嘴边,那眸里的光耀得似太阳的光辉,温暖闪亮。

站在雨里的我禁不住打了个寒战。这些事太过遥远,但我的记忆依旧那么清晰。外公很温柔,并且是个"文艺青年"。我想外婆就是被他身上的魅力迷住了吧。而如今,外公用过的手风琴早就落了灰。他想教我学时,我还和他吵架,而如今,我也只能对着手风琴写下这些伤感的字眼了。

我回家问妈妈,外公在你心中是个什么样的人呢?妈妈的回答让我有些惊讶,不同于别人父亲的庄重、严肃,外公是独有的温情色彩的。

那个青年依然拉着手风琴,唱着歌,在那春光明媚之下。

在悲伤中成长

马 婕

放学了,当缓缓的铃声打破了宁静的校园时,我的梦也碎了。步行在笔直的马路上,被寒风顶着,仅存的一丝温暖在风中扯着、撕着,拉向远方。弯弯已冻僵的手指,关节也吱吱作响,一年、两年、三年……五年了,儿时的那个身影也变得模糊了,似乎是那岁月摩擦的年轮,消不去,却仍在一圈圈淹没着。突然想问一句,一句从来都说不出的话——"奶奶，你还好吗？"

仍记得那个满眼翠色的夏天，被雨水冲洗的很干净，暖暖的阳光撒得碎碎落金，还有着一丝丝青草的淡淡清新——很美，很美。你与我坐在榕树荫下，你充满疼爱地说我是个长不大的孩子，我说我长大了。你摸摸我的小脑袋，衣袖上的香皂仍潺流于我的鼻尖，你说你要教我做风铃。

那张皱巴巴的脸笑得好似六月的雏菊，我高兴得手舞足蹈，从你的身边蹦开，乖乖地依偎在你的旁边。看你是怎么做出向往已久的风铃的。你认真地剪出一张张圆纸片，还有略显滑稽的小人，手把手地让我涂色，而我也有些调皮地涂成五颜六色。你不知从哪儿抽出一根针和一卷线，惹得我频频看你。你却笑笑，什么也没说便低头。戴着老花镜的你，让我看得有些出神，等你再次抬头时，手中多出了一个风铃的雏形。我笑着、闹着，将那五彩的装饰品挂上，阳光闪闪。当风铃唱歌时，我抱着你，咯咯地笑着……

那一个个回忆断断续续地拼贴着，仿佛又回到了那年初夏，可是，人依旧如往昔，你呢？我无法忘怀你冰冷地躺在病床上，那刺眼的白遮上你的眼时，我开始不知所措。我想把你喊醒，想让你拉着我的手，想听你说那些吴侬软语，想依偎着你。可是——你还是偷懒地睡在那里，是生我气，不理我了呢？大片大片的空白，涌入记忆中，我什么也记不起来了，是不想记住吧？

回忆里，我开始适应一个人睡觉，一个人上学放学，却总是想起了你。当悲伤逆流淌于心田，一瞬间，我却突然长大了，懂得珍惜与独立了。

是不是，有所放弃，就有所收获了呢？

——送给在天国的奶奶。

滋　润

朱　月

春天，细雨滋润着花草；夏日，露水滋润了秧苗；阅读，滋润着我的心田。

从很小的时候开始，我就极喜欢看书。因为父母工作忙，我常一人呆在家里，无事可做，爸爸妈妈便为我买了许多书籍。有了它们，我就常在家里随便找个小角落，蜷缩在那里一个人静静地阅读。我一旦认真起来可以说是"两耳不闻窗外事"。有一次我带着几本书缩进了电脑桌的底下，看得十分入迷，就连爸爸妈妈回家都没发觉。他们到处找我，爸爸急坏了，妈妈都快哭了。后来我觉得光线不够，也有点儿饿了才出来的。不过爸爸的责怪并没让我长记性，我仍然到处坐，桌子下面，衣服柜子里，门后面……反正哪里能藏人，哪里就会找到我。阅读让我不识孤单的滋味，书籍像朋友一样陪伴着我，任窗外风雨大作，任路上车水马龙，我自快乐地成长着。

我对书的种类不挑剔，从儿童读物到世界名著，从童话小说到历史资料，我都会翻看。格林童话滋润了我的心灵，带领我辨别人间最初的真善美；契科夫的讽刺小说滋润了我的心灵，那些意想不到的结局教会了我世事无常，可总有因果；各种侦探故事滋润了我的心灵，它们教会了我要有一颗善于洞察的心，生活中处处充满神奇；众多的史料滋润了我的心灵，它们让我拥有了明智的思想，穿越历史的尘埃，体味一份独特的精彩……

长大后的我，坐在小阳台上，细细地阅读，温柔的阳光洒在身上，暖意融融，别提有多舒服了。

"读万卷书，不如行万里路"，虽然我赞成这句话的观点，但我还是觉得先要多读书，有了一定的知识储备量了之后再行走，会让你在路上收获对人、对事、对物更多的看法和感悟。

窗外的风吹了进来，轻轻拂过我的脸，使我平心静气地与书本交流，我闭上了双眼享受着被书本滋润着的感觉。

我走进书中，跟着主人公哭，跟着主人公笑。仿佛主人公就在我的面前和我谈心，向我倾诉着他的喜怒哀乐。这种感觉，就像两个十分要好的朋友在一起聊天。书可以给我带来许多"朋友"，"朋友"可以给我带来许多的快乐。

漫谈诗歌欣赏

李思瑶

今天，闲来无事，随手翻阅一本诗词赏析的刊物，看到这样一个观点：在诗歌鉴赏中，若作者为一流作家，那我们要坚持知人论世，高度评价；若作者为二流作家，则就诗论诗，应该没什么大的情怀抱负。对于这一观点，我不太赞同。

首先，一流作家与二流作家的界限至少在我这里是模糊的。在

"公认"的一流作家里，我比较欣赏的是李白和李清照。喜欢李白是由于其诗飘然而来，飘忽而去，天马行空的不可羁勒之势，还有那"酒入愁肠，七分酿成了月光，剩下三分啸成了剑气"的豪情。喜欢李清照是因为其细腻的女性感情。对于沉郁顿挫、忧国忧民的作家，总让人觉得压抑无望，我不懂得欣赏。

其次，我们不可以以后人的眼光去衡量前人的高度。有人说某某作家的诗作太小家子气，难登大雅之堂，顶多算是二流。可在我看来，在那个时代，能抛弃世俗期许，小心翼翼地守护自己的精神家园，读他们的诗，会倍觉一种流水倾泻的柔滑美感，觉得活着，不累，不奢侈，有滋味。我想说，每个人都有闪光的一面，对诗作，对诗人，我们也应自己去发现。所谓一流二流，在诗人生前身后强硬定义，多么不公平！我们要用公平的心，去感受每一位诗人的感受。

第三，不要让自己鲜活的心结了厚厚的茧。读好诗不再垂泪，诵诗书不再动容，那是很可怕的。众多的作品就像花丛，我们要用真挚的心去觅香。在诗的天空放飞已梳理好的美与爱的心灵。我们什么都可以丢，唯独不可以丢弃对诗的感觉。在每一篇诗上做美妙的梦，永远不失去这种美丽的冲动，这才是真正的诗歌鉴赏，对不对？

诗词带我走近苏东坡

宇 轩

当历史被沉淀，当曾经的辉煌被掩埋，伴随着这滔滔江水滚滚而来的是每一个盛世王朝中数之不尽的风流人物。在这漫漫长河中，有位浪淘不尽的豪情诗人，有一颗黄沙掩埋不灭的熠熠明珠，这便是苏东坡。

在后人的记载中，我们可以看出不管在任何的时间段，苏东坡都是一个真性情的人。

苏东坡三次被贬，但在他被贬期间的诗词中很少见哀怨悲愤。我们看到的更多如《江城子·密州出猎》这般豪放乐观的诗词。"我欲乘风归去，又恐琼楼玉宇，高处不胜寒"，在彼时的月圆之日，当他怀念子游之时，也道出了自己站上高台却又发现竟是如此悲凉的一丝孤寂。对这个政治上的坚持己见者，众人嫉妒他，排挤他，终于因为荒唐的乌台诗案，他被挤出了都城。可这又有什么关系呢？"长江绕郭知鱼美，好竹连山觉笋香。"初贬黄州，穷乡僻壤远离朝廷，反倒如了他心愿，有水产山蔬。他还拿自己的境遇开玩笑，你们贬我做散官，让我得着空闲，却还要费你们一些酒袋。开得起玩笑，苦中作乐，看吧，真是一个秉性难改的乐天派！一句"拣尽寒枝不肯栖，寂寞沙洲冷"是他唯一的态度。孤独一生又如何？浪迹天涯又如何？"竹杖芒鞋轻胜马，谁怕！一蓑烟雨任平生"，淡淡一笑，拍拍身上的尘土，又可重新上路。真正的使命还未完成，又怎可轻言放弃？所以之后的他每到一处，就造福一方百姓。待到临别之际，也不忘写下"仍传语，江南父老，时与晒渔蓑"。黄发垂髫，一大群人都为他饯行。比起那些官场上的功名利禄，我想这才是苏东坡真正所追求的吧？

当他在月下漫步，当他随意泼洒文思，他不知道他自己的心灵与思想竟成了历史长野中难得一现的昙花，极少数人能够达及，却又有无数人推崇。我们所记下的他，并非只是苏东坡这样的一个名字，更多的是精神上的万古不朽。

读书，我的快乐之源

刘雅婷

读书的时光就是我最快乐的时光。

每当翻开一本书，那淡淡的书香味就沁入我心肺。书里面的字就像一个个跳动的音符，组成一篇篇优美的"乐章"。

每当放寒暑假时，书便成了我形影不离的"好朋友"。吃饭带着他，上厕所带着他，出门也带着他。不管走到哪儿，只要一有空闲的时间，我便像魔术师一样变出一本书来看。书充实了我的假期，让我获得了许多快乐。

走进书店，看见琳琅满目的书，我的眼睛里便会散发出奇异的光彩。我会迫不及待地冲进去找到自己喜欢的书来看，一看便能看上大半天。每当遇上要回家，书却没看完时，我便会毫不犹豫地掏出零花钱来买下这本书。虽然每次看到别人吃零食很想吃，但忍一忍就过去了，毕竟书给我带来的快乐胜过零食带来的快乐。

平日放了学，写完作业后，拿上一本好书，盘腿坐在沙发上，如痴如醉地"啃"着书。夕阳的余晖透过玻璃洒在身上和地上，暖暖的。我走进书中，跟着主人公哭，跟着主人公笑。仿佛主人公就在我的面前和我谈心，向我倾诉着他的喜怒哀乐。这种感觉，就像两个十分要好的朋友在一起聊天。书可以给我带来许多"朋友"，"朋友"

可以给我带来许多的快乐。

当我烦恼时，书可以让我的心平静下来；当我想退怯时，书可以让我找到勇气；当我失败时，书可以让我重新振作……

有人说读一本好书，就是在和高尚的人聊天；有人说读书是人类进步的阶梯；而我说读书，就是我的快乐之源。

我们身边的小确幸

  它们是生活中小小的幸运，是流淌在生活每个瞬间又稍纵即逝的快乐，是我们内心对生活的宽容和满足，是对人生的感恩和珍惜。当我们回忆起这一个个小确幸时，会忍不住将它们拾起，珍藏着，因为我们找到了最简单的快乐。

梅花礼赞

王映茜

梅花实在是不平凡的,我赞美梅花!

当你在冰天雪地中行走,扑入你视野的,是一枝傲然挺立在风雪中的梅花。她独自站在墙角,不畏风雪,绽放出根本不符合这纯白色世界的一抹艳红,从那个墙角传来的还有阵阵花香。凛冽的寒风呼啸着吹过,在鹅毛般大雪的衬托下她的枝干显得更加纤细和柔弱,然而却能够支撑着她挺立在这风雪中,丝毫不惧怕在这恶劣的环境中所潜伏的危险。所以,我赞美梅花,更是赞美她坚强不屈的品质!

寒风中的梅花,没有曼妙的姿态,没有屈曲盘旋的虬枝,没有玫瑰花那样妖艳,没有牡丹那样雍容华贵,也没有兰花那样的幽香。也许你说她不美,如果"美"专指妖艳或芳香无比之类而言,那么,梅花算不得花中的好女子。但,她却是令人眼花缭乱的百花丛中的翩翩君子。不论环境多么恶劣,多么艰苦或者又是那样的优越和舒适,她还是会坚守初心,保持着她原有的本性——贞洁、坚强、谦虚,却又有着一身傲骨。当所有的花都已跪倒在寒风强势的进攻下,当所有的树都已向暴风雪低头,只有她还坚强地在风雪中,以她独有的清香和姿态装点着,融化着这个早已被冰雪覆盖的世界。

梅花是朴素的,但是她绝不会是平凡的,有些人的品质不就像梅花一样吗？他们不愿与那些污秽之物同流合污，他们会永远做到洁身自好。即使在黑暗的环境下也毫不在乎自己的例外，依旧坚守自己的初心，做一个正直的，洁身自好的人。

我要高声赞美梅花，赞美她的贞洁，坚强和百折不挠，赞美那些如同梅花一般的人们！

留　　香

周晨卉

春

洋紫荆光荣谢幕，她从十一月秋风初起时摇曳生花，一直招摇到杜鹃三月，才恋恋不舍地褪华卸妆逐渐离去。

而杜鹃，在阵阵淅淅沥沥的春雨后，没有先行告知地炸开，一簇一簇绯红粉白淡紫。粉蝶就在花下闹开了。伏在花下午睡的猫儿也就伸伸爪子做样子地挥舞驱赶几下便没了动作，慵懒的动作让人不禁觉得这个春天是温柔舒适的。

芬芳、淡雅、温和、甜美的花香在空气中交融凝聚迟迟不散。

春天的花为何开得如此明媚照人？

是因为夏秋冬的留香。

夏

植物在这个季节疯长,为接下来的秋季冬季做准备。

很多人厌恶夏季:要么梅雨连绵、蚊虫叮咬,要么骄阳似火、蝉声聒噪。

但植物若没有夏季的营养储备,如何结果孕种?如何熬过长久酷寒的严冬?熬不过的植物有哪一个可以在来年春季绚烂芬芳?若不是夏季的留香余韵,哪来春季的亮丽?

秋

秋高气爽,天蓝云静。硕果累累、种子成熟,掉落在地里等来年春天时破土而出。秋季同时也很悲伤,为了下代的绽放,多少植物衰老枯死。连聒噪的蝉在秋季鸣叫都显得力不从心,鸟也开始南飞。

秋季,萧瑟凄清。但,若不是秋天种子成熟入地,春季还会有新兴的花吗?

冬

生物惧怕的酷寒来了。该冬眠的冬眠,该换毛的换毛,该加衣的加衣,该南飞的早已经赶在冬季来临时到达了温暖的南方。

冬,残忍冷酷。但,若不是严寒冻死了大批虫蛹,来年春天恐怕只有残花败叶可欣赏了;若不是雪被泥土,滋养植被,来年的春天,也恐怕只见病怏怏的几株草茎吧。

春天几周的绚烂，需要多少时间的铺垫？有多少人赞叹春天的生机明媚？又有多少人可以看到夏秋冬的奉献？

身世浮沉雨打萍

应昊天

从未见过如此密的浮萍。

专注于欣赏周围花木的我竟把这当成了一片绿的茂盛的草坪。同行的朋友善意地提醒了一句，使我没有与其"亲密接触"。我不由得端详起了这一处独特的景观。圆盘似的叶子，不给荡漾的绿波一点儿喘息的空间，没有缠络在一起的根茎，给了鱼儿一片阴凉的绿荫。

每片浮萍也都各有各的特点，满眼的绿色，淡去了人们视觉上的疲劳。一片片浮萍彼此连成一片，但又各自轮廓分明，像是一叶叶小舟，一叶叶承载着无线希望的小舟，它们构成了一支庞大的舰队，乘风破浪，坚定地驶向远方。

由此回忆起童年时见过的浮萍，那时我并没有耐心停下来观赏，只是好奇那一片片的浮萍为什么能一直连在一起。天性顽皮的我不知出于何种原因，找来了一堆石子，一个接一个地向河中央砸去。河中的浮萍被水波漾开，我激动地认为自己发现了其中的奥秘，神色喜悦地驻足观看。又过了一会儿，不知借助何种力量，它们又重新组成了一个坚不可摧的集体。

究竟是怎样的一种力量呢？至今我仍百思不得其解。盛夏的天气就是那样无常。正想着，远处的闪电已划破了天际。我走进了一座典雅的小亭子里，继续注视着那片浮萍。雨越下越大，风越刮越狂，另一池的荷花在雨中飘摇，被游人赞叹时的那股神气劲儿已不复存在。而这一池的浮萍，伴着水波起起伏伏，却始终没有离开原本坚守的位置。

"身世浮沉雨打萍"，这一句千古名句在我的脑中闪过。我找到了那种力量：坚定的意志力，永不破灭的希望。人生，也应当如此。

"身世浮沉雨打萍"，我认为这并不能仅仅理解成身世颠沛流离，其中还蕴含着浮萍的一种责任、一种担当。这样的浮萍也承载着希望，"浮沉"过后，迎来的也必将是更好的明天！

土豆与人生

王超冉

今天奶奶从菜场买回了一些土豆说要烧土豆汤，而我看着它们，却浮想联翩，也看出了些什么：土豆的长相虽各不相同，但身上却都是坑坑洼洼。正是这些坑坑洼洼，让我想到了人的一生。

人的一生不也正像这土豆一样吗？会经历风风雨雨，会经历许许多多的坎坷，而在经历了这些之后，也会像土豆一样变得成熟。或许，我们应该学习土豆精神。它坚持：在夏天，它一定经历着烈日的考验；在冬天，它又定经历着寒风的考验，它还会经历大雨，大雪……但是，它放弃生长了吗？没有，它坚持与恶劣环境做抗争。然而，当它抗争成功后，一切却并未结束，它还会遭遇小虫子的啃咬，并要为它的芽儿做出贡献。所以，它有了这些的坑坑洼洼。

而跟土豆相比，有些人的抗挫能力实在是差远了。记得有一次在报纸上看到一则新闻：一个学生因学习压力太大而自杀。如今想起来，却觉得这位同学简直与土豆无法相比，不说土豆的美丑，只说它的坚强，再说它所经历的各种考验，它都挺了过来。而人类呢？却常因一点点儿的磨难，就选择放弃，宁愿轻生，也不与考验抗争。他本有着美好的一生，光明的前途，可却因为一时的不理智，而失去了那份本来的美好前程，真是为之感叹，为之可惜。所以，我想对现在那些因为一些困难而停下了迈动脚步的人们说："不要再纠结，不要再犹豫，不要再做出错误的选择了，与这次考验做抗争吧！相信，这次考验是你人生中的必经之路，只要你打败了它，那么你离成功就近了一步，成了一个伟大的勇者，而不是被他人耻笑的弱者。学习土豆精神吧——坚持，坚强，坚定！它一定会给予你许许多多的感悟。"

土豆，也许在许多人的眼中只是一种蔬菜，却不想它背后所成长的背景是平凡的泥土；土豆，可能并不美丽，但它却让我明白了该怎样面对坑洼坎坷。它让我明白：不论你在这一生中受过多少伤，遇到过多少困难，只要你一一跨过那些坎，成功，它会微笑地在前面等着你。

青松征服了我

左佳怡

世间万物，皆有灵。鲜花，绽放它的美丽；绿草，彰显它的坚强；落叶，实现它的价值……所有的生物，都有它独特的风采。而最让我为之倾倒，为之征服的，是那青松。

那天，我攀登于黄山。一步一艰辛，坚持到半山腰，我就已经败下阵来，瘫坐在地上，无论爸爸怎样鼓励，我始终不愿再前行半步。

"看，那些曲折的青松。"爸爸用手指向右边，突然扬声说道。多么壮观，碧绿的青松笼罩了一片空地。"爸爸，好大的树！""不，孩子，看它的根。"目光向下移动，最后，这棵大树的根系聚集于一堆岩石中。天啊！我才发现，这些生命迸发于岩石裂缝中！我不觉张大了嘴，惊愕地望向四周，望向更高、更远处。"曲者如盖，直者如幢，立者如人，卧者如虬"，而这些葱茏旺盛的青松，竟然没有一片沃土的给养。是怎样的种子，以无坚不摧、有缝即入的钻劲扎入岩石？是怎样的根茎，坚挺地咬定青山不放松？它们离开母体后历经了多少生命极端的考验后，依旧不倦不怠地向前、向深远处进阶，铸造了树的生长……

这种无形的力量将我包裹，它把我征服，我为自己身上的浅薄、渺小、不堪一击深深汗颜。我猛然站立："爸，我们继续前进。"我们一鼓作气，抵达黄山之巅。

　　站于高峰的我，再看那青松，风拂过，它们摇着臂膀，仿佛在赞叹我的坚持。

蜗牛征服了我

李名扬

　　偶然在花坛旁边发现了一只缓缓爬行的前进者，它背着沉重的壳，在瑰红的石英上留下一道透明且耀眼的痕迹。

　　我看着这只蜗牛，在不到一米的花架沿边，用它的全身力气奋力向前扑赶着。太阳放纵地照着，炙烤着土地。我等待着这小生命，有些心急。我想快些让这只可怜的蜗牛移到湿润阴凉的地方去，于是决定助他一臂之力。我用手轻触它椭圆的壳，它却敏锐地缩了头，趴在地上不走了。我无奈，只好放弃了这个打算，弯下腰，继续观看它孱弱却坚持的步伐。过了许久，它从壳里小心翼翼地探出了头，似乎是没有发现异样，才又大胆地动了动触角，继续向前爬去。

　　短短的一段路程，被一只蜗牛，走了好久好久，同时这段路也被演绎得别具精彩。因为即便是一毫米的路，它也是认真、仔细地走下来了。"走一步，再走一步"，可能正是凭着这个精神，令蜗牛在前途道远、无边的寂寞中，从容坦荡地行走着。这只小蜗牛，没有停息，渐渐消失在黑泥土与绿灌丛的间隙中了。它以行动，征服了我。

　　这个默默前行的智者，懂得在受到他人讥讽时，以明智巧妙回答

"黄鹂儿你啊不要笑，等我爬上它就成熟了！"它便是它。

一只小小的蜗牛，对于人这样的庞然大物来说，太过微小。但是，正如歌里唱的："小小的天，有大大的梦想，一步一步往上爬，总有一天我有属于我的天！"

难忘那道风景

江 月

天空是阴沉的灰色，乌云压得很低很低。不知道什么时候下起了小雨，我撑着伞漫步在街角，细细密密的雨丝被风吹得凌乱地在空中飘舞，交织成一片雨雾，让眼前的景色变得朦胧。

雨越下越大，路上的行人也越来越少。可是我却停了下来，视线久久不能离开眼前的那一道风景。那是一只瘦弱的小鸟，可能是从树上掉到了地面上。它正扑腾着那羽毛尚未丰满的翅膀，想要飞回那个温暖的巢。大雨如利剑般冰凉刺骨，毫不留情地击打在它幼小的身体上。也许是还未学会飞行，刚刚离开地面一段距离，又重重地摔在了地上。我想要上前将它捧起，可是，我刚迈一步，那小家伙却又坚强地站了起来，再一次挥动着自己的翅膀。然而好像专门和它作对似的，磅礴的大雨又一次将它狠狠砸到了地面上，它狼狈不堪的样子让我的心隐隐作痛。但它依然没有放弃，这一次，它又站了起来，甩了甩身上的雨水，在雨雾中凝望着树梢。仿佛是下定了决心一般，它挥舞着翅膀，迎着雨水，向树梢飞去。那里有它的家，有能支撑它飞翔的人。即使有很大的风，即使有很大的雨，即使离它的家还有那么远的距离，即使他还不会飞翔……即使有那么多的即使，它却依然在暴风雨中坚持。我久久地站立在那里，看着它在暴风雨的历练下终于学会了飞翔，回到了家人身边。

雨，不知道什么时候停了，好久不见的日光也从重重的乌云中释放了出来，照耀着大地上的每一个角落。那翅膀甩出的水珠中，折射出来一道绚丽的彩虹。

雨中的这一道风景，带给我的是心灵的震撼，久久无法平息。愿我将来遇到困难与挫折的时候，能始终记得今天的这一幕，让我有信念勇敢去面对，不留遗憾！

感悟生命

丁卓然

人们总喜欢赞美生命。有人说，生命是一朵美丽的花，散发着清香；有人说，生命是一条永不停息的小溪，乐观坚强地奔向大海，直到最后一滴；也有人说，生命是五颜六色的，像雨后的彩虹。天地的广阔，孕育着成千上万的生命，它们在不同的成长环境中以各自的姿态展现生命的珍贵和美丽。

在坚硬的石缝中，一株纤弱的小草在阳光的呵护下显得生机勃勃，带着初夏的炽热，每一个细胞都张扬着，散发着生命的气息。它虽然没有玫瑰那么高贵，也没有牡丹那么华丽，没有百合那么纯洁。

但它是勇敢的，它不会因为自己的普通而失去对生活的信心，它更不会放弃彰显自己的时刻。它是那么坚强地，把自己生命的绿色奉献给了世界。

蜗牛的一生都要背着家，如果没有了家，它就会失去保护，失去自己的生命。即使是那么累，它也从不肯放弃生活中的每一小步，慢慢地走着人生的道路，细细地倾听着生命的精彩。它以这种独有的姿态展现生命的坚强与固执。

自然中的生命是如此的精彩。我们对待人生，难道不应该也像它们一样吗？人的一生难免有面临困境的时候，面对人生的风雨，有人微笑，有人退缩。于是，前者在风雨中学会了坚强，后者却让生命之舟偏离了方向。我曾经读过一篇文章，是关于一位父亲救助他的儿子和十三个落难的孩子的故事。令我感触最深的是"他挖了八小时，十二小时，二十四小时，三十六小时，没人再来阻挡他。他满脸灰尘，双眼布满血丝，衣服破烂不堪，到处都是血迹"。这段描写让我看到了这位父亲对生命的执着和他伟大无私的父爱。是的，生命是宝贵的，生命是坚强的，生命也是美丽的，它只有一次，我们不要轻易放弃，因为总有绝处逢生的时候。

我想起了梵·高说过的一句话："爱之花盛开的地方，生命之花便欣欣向荣。"如果世界上充满了爱，即使遭遇困难，我们也仍然可以让生命永远美丽。

那一天，我流泪了

王炳坤

天气晴朗，艳阳高照，树上的小鸟沐浴在阳光下，欢快地歌唱，淡金色的阳光透过树叶的缝隙，探头探脑的。这样的景色，很和谐，很和谐。

"你必须给我道歉，否则我就和你绝交！"

"那不是我的错，凭什么我要道歉！"

"……"

这争执声便是从我和马浩那儿传来的。马浩是我从前的同窗，我的好友。兴趣是看书，而且比我有更多藏书，不过对书十分吝啬。我们俩本来在看书，他这家伙看书特慢，我在他看完后问他借，然后就是很狗血的情节，先是打闹一番，之后是万恶的"咔嚓"声——书被撕裂了。于是，他发飙了。而我也倔得很，死要面子，拉不下脸来道歉，再然后，就理所当然地僵持起来。结果，幼稚的两人就开始"绝交"了。

或许，这件事本应该在时间的洗刷下淡化，然后我和他重归于好。可是……

大约一个星期后的休息日吧，我午睡过后，照例出去走一走。不过，走了几圈后，我发现很不习惯，因为马浩那家伙居然不在家。话说我也够迟钝，居然过了好半天才发现，那家伙不知道哪儿去了，也不在家，一打听，那家伙居然搬家了！

我有些强颜欢笑地自欺欺人了一下："那家伙说不定还没走呢。"怀着这样一种不真实的想法，我来到我和他平时一起玩的地方，但那里空空荡荡的，像那时我的心一样，有点儿寂寥。我往小凳子上一坐，手习惯性地探进一个夹层里，那里放着我和他藏着的书，一拿出来，有一张纸掉了。是一封信！内容很无聊，无非就是那些肉麻的话，不过，纸保存得不好，有点湿。我一看，照例嘲笑起来，那字写得很丑，歪七扭八的，像我那时的表情一样，明明是咧开嘴角，可做出来的却是面部肌肉抽搐的感觉，身子还一抽一抽的，眼睛都不敢眯起来，因为里面的水就要溢出了。那个拿纸的手也湿了呢，滑腻腻的，"嘀嗒"的声音虽然小，但为什么那么清晰，纸越来越湿了呢？

天气很晴朗，在树荫下，有一个男孩手里捧着一本书，但是，旁边的位置上，空空荡荡……

长跑日记

张　程

冬天来了，寒气迈着沉重的脚步慢慢逼近，寒风凛冽，紧跟着同学手上和耳朵上也有了冻疮。校长安排我们每天早上晨跑。一边锻炼一边可以暖暖身子，真是个两全其美的安排！

九点半到了，铃声响起。我们带着这个年龄特有的亢奋，排好队，蓄势待发。

下楼时，我们激动得把屋顶给掀翻了！到楼下，突然发现队伍都没有了踪影，去哪儿了呢？哦……完了，他们早就飞奔而去了！

最惨的是我们胖子。跑着跑着就脚底发麻，紧接着上气不接下气。但心想其他班快要跟来了，我们落在后面被看见，那多丢人啊！这种力量促使着我和王斌铆足了劲儿，往前跑！王斌快不行了，我赶忙劝到："王斌，假如你前面有一个汉堡包，但被人抢了，你会怎么做？""当然冲过去并抢过来！""好！把我当成香辣鸡腿堡，来追我吧！"王斌振奋了，立刻马力十足，我也不是吃素的，转眼间，我们两个成了充满活力的胖子，屁屁颠颠地跟上了大部队。

但是我们也有投机取巧的时候。体育委员放慢速度，然后神不知鬼不觉地跟在了四年级的后面，有了四年级这个"挡箭牌"我们就没有后顾之忧了。说的说，笑的笑，拖拖拉拉，成了一道"壮丽的风景线"。队伍像是不知被何方神圣施了法，长出一条"尾巴"，一长就是十万八千里！

渐渐地，激情的音乐转换成舒缓的休息铃声。我们的长跑大军也该收兵了回班了。

我 的 风 景

曹亦凌

作为一名学生，我的生活是平淡的。然而每天的三点一线的生活，却没有感到一点儿枯燥，因为有许多美丽的风景就在我的身边。

清晨，被声声清脆的鸟鸣唤醒，我经过小区向学校走去，一路上充满情趣。今天的花比昨天多开了几朵；慵懒的晒太阳的小猫又多了几只。路过早茶店，定然会听见这里王姨"豆浆、油条，豆浆、油条……"那里张叔"大包子，新鲜的大包子……"的吆喝声。

这是生活的气息，多么美好的风景！

步入校园，或许你还未进入教室，就已经听到琅琅的读书声，大家认真早读的神情使你不由自主地想加入。在课堂上，那老师精心书写的板书、认真制作的课件，还有那风趣幽默的话语，你可以轻易在有趣的书海里遨游。

这是愉悦的学习气息，多么美好的风景！

大课间时，大家矫健的身影出现在操场上、跑道上，你追我赶，生龙活虎。做操时，大家跟着音乐的节奏，精神饱满，动作整齐划一。

多么富有青春活力的气息，多么美好的风景！

放学了，大家三五成群，谈笑风生，迈着轻松的步伐走出校园。

多么和谐的气息，多么美好的风景！

是啊，一切都是那么的平淡无奇，但却不是平庸无趣。一起同窗的日子，生活中充满了可以让我们欣赏的风景，这些风景是多么的美好！

我的生活，我的风景。我的生活就是我美丽的风景。

我生活在微笑中

尹 鑫

> 一片阴霾遮蔽了我的眼睛，失落，迷茫……一缕微笑撒进了我的心房，温暖，充满希望！
>
> ——题记

星空黯然，晚风席卷大地的每一个角落。我把自己锁在房间里。我拂去电脑上的灰尘，那些努力的日子里，我已不再动它，心里只有学习、备考。可辛苦并没有让我取得好成绩，我无力地瘫坐着，硬撑着继续记忆英语单词。

尚在小学，却早已习惯了熬夜的我，经过一番脑力劳动，不免有些困乏，无意间打开QQ，班级群"40度的微笑"里，同学们的头像"滴滴"的闪着。经过这次考试的打击，我早已不像曾经那样活跃、调皮，对于聊天谈心早就有点儿不屑一顾了。右手的鼠标放在那小小的"忽略全部"上，迟迟没有下手，我无心与他们闲聊，但莫名地轻车熟路地点开了会话框。我呆住了，仿佛时间停止，空气凝滞了。"40度的微笑"群里，弹出一句句关心的话语：

"会好起来的，你是有可能成功的，加油，兄弟在这儿！`(*∩_∩*)"

"考不好怪我们了？咋就不理人了呢？我们这群失败者联盟携手作战呐！"

"继续加油啊！我赢了你，你认输了吗？你承认失败吗？你是懦夫吗？你敢挑战我吗？给我笑一个！"

嘴角不自觉地扬起，而同时泪水也在眼眶中打转，我强忍着，但最终，两道泪痕任依稀在我的脸上——我笑着泪流满面。

笑同学们的可爱，笑自己的懦弱，笑这段同窗情谊的美妙。感谢你们的激励！感谢有你们同行！感谢你们让我生活在微笑中！@40度的微笑。

我们身边的小确幸

陈冰悦

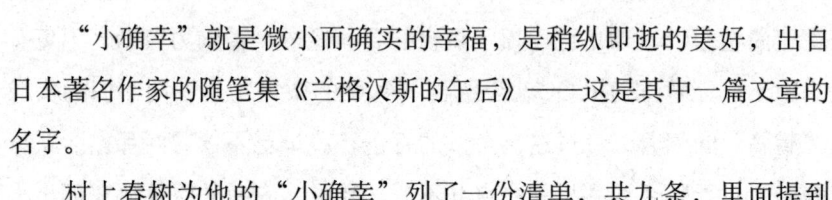

"小确幸"就是微小而确实的幸福，是稍纵即逝的美好，出自日本著名作家的随笔集《兰格汉斯的午后》——这是其中一篇文章的名字。

村上春树为他的"小确幸"列了一份清单，共九条，里面提到"买回刚刚出炉的香喷喷的面包，站在厨房里一边用刀切片一边抓食面包的一角""清晨跳进一个人也没有，一道波纹也没有的游泳池脚蹬池壁那一瞬间的感触""冬夜里，一只大猫静悄悄懒洋洋钻进自己的被窝"等细碎的小事。

他说："没有小确幸的人生，不过是干巴巴的沙漠罢了。"

但正是因为活在一眼望底的沙漠里，无意中碰到的那些小小惊喜，才可谓是真正我们所想要的。

幸福，并不是一件奢侈的事。它可能很盛大，充满热情；也可能很微小，但却能给你最真切和最细微的温暖。

它是每天清晨第一缕叫醒你的阳光；是草叶间露水滴落的清脆；是你一出门就能看见你所爱的花；它是饥饿时母亲适时做好的美味饭菜；是口渴时父亲递上的一杯白开水；是一身疲惫回家时家人为你备好的一双拖鞋；它是你正思念成疾的人为你打了一通电话；是你正难过时朋友温柔地擦拭泪水……它丝丝缕缕地渗透进你的生活，只要你用心去感受，就会触碰到它细碎的美好。

它们是生活中小小的幸运，是流淌在生活每个瞬间又稍纵即逝的快乐，是我们内心对生活的宽容和满足，是对人生的感恩和珍惜。当我们回忆起这一个个小确幸时，会忍不住将它们拾起，珍藏着，因为我们找到了最简单的快乐。

也许，我们还在为工作、学业上的不愉快而不满；也许，我们还在为和朋友的相处而苦恼；也许，我们还在为家人的健康而担忧……可是，当你静下心细品拥有当下，你就会感到很幸福。学习是为了将来轻松，工作是为了减少家人的劳累，关怀是为了友谊的天长地久，关爱是为了亲情的温暖。

有时候，哪怕只是一杯水、一束光，也是一种真切的美好。

感恩那些细碎却温暖的小确幸。

仰望天空

陈笑语

　　我爱站在顶楼上——仰望天空。

　　不管身处何地，天空总是伴随着每个人，形影不离。她像一个看破世界的老者，她见证了茫茫大地上生灵的兴盛与灭亡，她拥抱着地球很久很久了。她又似一个最简单的孩子，只需要拥有日月星辰、一些飞来飞去的鸟儿，就那么湛蓝和开怀。每次我心情烦闷时，仰望天空是最好的选择。

　　白天，我爱站在顶楼上仰望天空。晴朗时，天被水洗过一般，蓝得快要滴出水来。云悠悠地飘着，像被太阳晒得很暖很轻柔的棉絮。麻雀会叽叽喳喳地飞过，好似在议论着这片云和那片云哪片更软些。站在更高的地方，就会离天空近些；我想象是天空用云朵擦拭我那颗湿漉漉的心，用阳光把阴霾驱散——仰望天空是多么快乐。

　　夜晚，从窗户向外看。天空被墨水染成了黑色。我想到了印度神话里的那个传奇人物——湿婆天，黑天就是他的一个化身，故事说"黑天把所有的东西都吃掉了"。窝在被窝里，心情很舒适很放松。黑天那么大那么大，那么大的天空可以装得下巨大无比的世界，世界则装下了渺小的我，而我可以把黑乌乌的天空保存在心里面。仰望天空是多么快乐！

天空诠释了所有的真理。太阳虽一日复一日地升起，可是每天升起的太阳都有新的。虽然暴风雨是那么凶猛那么令人胆战心惊，可过去之后，总是晴天。月亮阴晴圆缺着，可是每一次的月缺不也在意味着下一次的圆满？北极星永远是最亮的那颗星，我们的心中，是否一直存在着它那样的灯塔？人人都是天空中的一朵云，随时可能被大风吹散；在天空的旅行中，所有遇见的都是过客，难得再次重逢。所以，我们更应该珍惜每一个相逢！

　　仰望天空，天空好大，天空好高，天空好美！

享受鸟鸣

杨敏鹤

　　明媚的清晨，婉转的鸟鸣，怎么不会使人心生快乐？

　　鸟鸣，是大自然的声音。聆听鸟鸣，辨认鸟的种类，或是在鸟鸣的陪伴下打开名著的扉页，开始新的求知之旅……鸟鸣，是最动听的乐曲，清新脱俗，或许没有谱调，但却使人的内心拥有一片绿色生机，使人感到快乐。

　　我从小喜欢鸟。鸟的鸣叫，鸟的展翅飞翔，无不使我心驰神往。我会在阳台外撒上面包屑，吸引了很多鸟儿在我阳台外徘徊，我听到的悦耳鸟鸣也变得更多。喜鹊喜欢低空飞行，在窗外掠过，留下一串"喳喳"的喜庆音符；头上有冠的戴胜和黑白相间的张飞鸟自然也是有的，鸣叫声清脆如铃；更多见的还是麻雀，"叽叽喳喳，叽叽喳喳"响成一片，有如交响乐团的演奏，还是多声部的哩！我坐在我的书桌后，伸出头来悄悄打量这些天生的小音乐家，仔细地聆听他们的歌喉所发出的天籁，心里升腾起一种难以言喻的欢乐，同时也更能感受到生命的可爱与珍贵。

我也喜欢听轻音乐与古典乐，但我总认为它们经过雕饰少了几分天然与淳朴。鸟鸣，这种天然的乐音，为我的世界又增添了一丝快乐，一抹绚丽的色彩，我也因此而满足。

当我心情不好时，听一听鸟鸣，整个人都会平静下来、开心起来。每当那时，我会听着鸟鸣找乐子——听啊，那只鸟在那里叫："手机呢？手机呢？"它是急急忙忙在找手机呢。

我爱鸟鸣、爱生活，所以我快乐着我简单的快乐。

静下来，真好

王雅楠

屋外，嘈杂的人声，汽车扯着嗓子鸣笛，仿佛要与知了一较高下。屋里，电风扇高速运转中，发出沉重的呼呼声。笔在我的指尖躁动不安，我一遍一遍读题，换了一种又一种的方法思考。最后一道题还是解不开。我手中攥着笔，无奈地敲着自己的腿，额头上冒出了一层汗，心急如焚地叹着气又不知所措……

我叹了口气，身体无力地往后一摊。怎么办？还有一个多月就要小升初了，依然觉得有好多题目还是毫无头绪……随手拿起桌上的

"味全"，咕咚咕咚一饮而尽。

望向窗外，远处的一座矮山，在烈日的对比下，显得更加深沉冷静。城市的喧嚣并不能改变整个自然原有的宁静。一股凉意从心底散开，心里像被渐渐抚平了。

我回到桌前，重新拿起笔，将电风扇风速调到最小，风只能轻轻柔柔地挑起我的发丝。我提醒自己静下心来，清空之前的所有思路，回到起跑线。我闭上眼睛，试着想象把头脑、血液中的所有杂念、躁动的因子统统逼进气息中，徐徐地吐出。当我再次睁开眼睛，我觉得整个脑袋都清亮了许多，血管里的血液，流淌得也平缓了。我发现，可以掌控住自己的注意力了，我把所有心思收拢起来，仔细地又读了遍题。这时，灵光一现，一股力量驱使着我流畅地写下答案。

整个房间里，除了风扇微弱的旋转声之外，只有笔尖在纸上摩挲的声音与之相应和。而窗外的一切，都与我无关了。我心如止水地沉浸在自己的世界里，从容地写下一行行字……

静下来，转过头，与那平静的远山相视一笑。

道一声珍重

陈　妍

今天，我们即将离开小学，向我们的母校道别，向老师们道别，向朝夕相处的同窗们道别，也向这段不能忘怀的岁月道别！

这几年的路，我们走得辛苦而快乐；这几年的生活，我们过的充实而美丽。我们流过眼泪，却伴着欢笑；我们踏着荆棘，却知道阳光在风雨后。几年的岁月，听起来似乎是那么的漫长，而当我们今天面对离别，又觉得它是那么的短暂。美好的记忆一幕一幕地浮现在眼前。

是否还记得，三年级义卖时扬言要卖刘同学，最后的价钱竟然还不错；是否还记得，万圣节的我们穿着奇装异服冲去办公室向老师要糖，不给糖就捣蛋；是否还记得，午休前我们在教室里随着节拍高唱《巴啦啦小魔仙》的歌曲；是否还记得，最后一次拔河比赛，虽然我们的身体条件不够，但是拼尽了全力拧成了一股绳。

还记得一年级入校的情景吗？老班的微笑和拥抱给我们带来了无限的温暖；还记得第一次遇见英语老师就被他的霸气吓到了，他拿着棍子俨然一副凶神恶煞的样子，足足让我们忐忑了好几天。后来发现原来他的棍子是哈利波特的魔法棒，他的课堂总是那么诙谐有趣；还记得六年级运动会的失利，我们开了一次长长的班会，最后齐喊着："不经历风雨，怎么见彩虹？"

现在的我们，站在时间的交汇点上，回望过去，远眺未来，原来，毕业是伤情而张扬的告别，让今宵的月色格外亲切，让明朝的阳光别样热烈。曾经有过的光荣梦想，曾经有过的深沉激越，正召唤着我们重新聆听爱的声音。毕业是一切都并非结束的郑重开始，毕业是一切都没有飘散的深沉铭刻。

最后，该道一声珍重，一切的一切，珍重！珍重！

明天我就要离开

尹子凡

岁月的航船不断行驶着，转眼间，我们就要离开了。

那一天，当你推开教室门，看到的将不再是或讨论题目或玩闹嬉戏的好友，不再是那些你喜欢或讨厌的老师们，而是一间空旷的、毫无生机的放满桌椅却落满尘埃的教室。

六年，那些记忆里永远不会忘记的身影，在慢慢地离你远去。伸出手想抓那些逝去的时光，可是握住的只有自己的手。

再也不会背着沉重的书包走在那条熟悉的小路，再也不会明明和同桌看漫画却用很厚的一摞书挡住假装学习，再也不会有人恶作剧拍你一下然后假装只是路过……

六月，离别，有些人或许永远都不会再见面，一别即永别。

告别那些喜欢或讨厌的老师，告别那些明明彼此伤害过却都不愿意低头的曾经的朋友，告别那个陪我哭陪我笑，在我伤心时安慰我、鼓励我的同桌，告别那些陪伴了我好久的桌椅。

伤感过后，我们都沉默了，仿佛很生疏，仿佛无所谓的样子。只是我们心里都明白——

即使离开，有些人却永远都不会忘记，只是会一起将记忆埋葬在某个角落。在一个明媚的午后，再次回味，一定会充满阳光的味道。

让心靠得更紧

贾 佳

小升初，是忙碌的代名词。每个人看似都很累，都苦不堪言。但是，这种忙碌是否让我们彼此的心靠的更了呢？

一杯牛奶

晚上作业多，总会忙到很晚。看着数学的难题，语文的阅读，英语的单词，总是眼花缭乱，喘不过气。但是听到一阵小心翼翼的敲门声后，杂乱无序的心慢慢定了下来。看着你轻轻地走进来，缓缓地把牛奶放在桌子上，叮嘱我赶快趁热喝下去后又轻轻地走出去。望着你的背影，喝着热乎乎的牛奶，心里轻轻地说："谢谢您"。很快地把思路理清之后就开始攻克难题。看似平常的琐事却让我和母亲的心靠的又紧了一些。

一句"我教你"

最近的数学越来越难，题目越来越怪。于是，很多学生一道题半个小时也做不出来，便产生了提问党和答疑党。每当有同学题目不会时，身边的答疑党便会耐心地教他思路，怎么作图。这样的画面犹如一幅名画，和谐至极。其实，不知不觉中我们班每个同学的心又靠的更紧了一些。

一次默写

每天都有默写，每天都有人不过关，每天都有人到老师那儿重默。其实这何尝不是把学生和老师的心拉得更紧了呢？如果没有默写，老师除了课堂之外就很少和同学们互动、交流。正是因为此，才使师生更了解对方，心与对方靠得更紧。

忙碌的毕业季，繁重的学习生活，我们此时是不是应该感谢它们呢？感谢它让我们有了互相交流、互相帮助、互相敞开的机会，它使我们彼此的心靠的更紧了。

我的那个暖冬

张雨婷

光阴似箭，日月如梭。这一年已悄然逝去，新的一年正铿锵有力地向我们走来。今年的这一个暖冬，是我小学生活的最后一个驿站。在这个冬天里，我感知到了自己的努力，感知到了同学的友爱，感知到了老师的和蔼。

小升初的考试即将到来，每个同学也都努力起来。没有从前那么调皮捣蛋了，都变得稳重起来，埋下头来学习。我也不例外，由从前的拖拖拉拉变得利利索索起来。往日觉得如蜗牛般爬行的时间，现在也以分秒去数算了。每晚我都会拿着语文课本背，哪怕背十首诗就考一句，我依然觉得开心满足，因为自己努力了，就有安然的心去应战。

也许是我们即将毕业了，同学们都变得有爱起来。曾经我们会自私，会以自我为中心，会不顾及他人，可现在时常会听到同学们亲切地提醒："你书还没有背吧，赶紧背吧！""今天来迟了呀？昨晚休息太晚吧？走廊我已经帮你打扫过了。"这些话，让我们在最后的冬天里把心融汇在了一起，暖洋洋的。

快毕业了，老师也要与我们说再见了。突然才发现，老师们的形象也并没有那么凶神恶煞，而是和蔼可亲，处处为我们着想。语文老师会亲切地说："你们的作业量现在很大，我语文作业少一点儿、精一点儿，不过你们也要仔细完成。"这时候，同学们心里都会这样想：语文老师真是成我们女神了！

在这个冬天里，我、同学、老师都变了，我觉得这个冬天一点儿都不冷。教室里只充满着温暖、舒适的氛围。

走出来，真好

　　雨渐渐小了，风也不那么狂了，雨后的空气格外的清新，我的心情也在经历过一场暴风雨之后，变得格外晴朗和明亮！遇到困难，不再心灰意冷，走出失败的阴影又是美好的一天，我走出来了，真好！

我们是一家人

王子豪

"因为我们是一家人，相亲相爱的一家人……"每当这首歌曲回荡于我的脑海时，总会感到一股温馨的暖流涌上心头，让我无论身在何方，心里都立即安宁又喜乐。它让我不时想起家的问候："吃饱了没有呀？""学习可开心呀？""不要太累哦！"……没错，句句问候都是对我的关心，这就是一家人。

随着学习压力的不断提升，我们回乡下老家的次数也愈来愈少，记得上一次，还是暑假……

夜色渐渐爬入空中，乡下的蛐蛐也焦急地叫着。"婆婆！"一声叫喊，我们终于到了婆婆家。婆婆来不及顾别的，立马出来迎接，腿脚颤巍巍却难掩欢乐的步履，那嘴角都乐开了花了。接二连三地，大伙都来了：小姨、舅舅、姑妈一个个拎着大包小包，载着满满的兴奋。公公听到大家的声音，赶忙炒起了菜，早就拨好的虾子进了锅，起劲儿地掂锅、翻炒，一边抹着汗，一边忙得不亦乐乎。

晚饭后，大家坐在小院里乘凉。星光下，人手一把草扇，聊着琐碎的家常，讲着近期的趣事。只听这边声音渐高，原来小姨和婆婆又拌起嘴来。"妈！你就该把小院改了，做做菜园地什么的！""不，这院子在你们儿时便有了,我看哪个敢动!"两个人互不相让,争论不休……二舅舅和爸爸正聊着体育新闻,听到这母女的动静,只是笑笑,他们早已经习惯"舌战"相伴啦!公公也加入,话题扯到国际新闻,不小心说错了一个词,两人便愣一愣,大笑起来。我们几个孩子就更有趣了,蹲在草丛边,欣赏着虫儿们的"演唱会",各种各样的小虫逐个登场,使我们掌声频频……

猛地,我发现了个巧事:婆婆的扇子正朝着小姨扇风,小姨的扇子又朝着婆婆,爸爸的扇子也正拍打着舅舅腿上的蚊子,而公公的扇子又扇向"激情演讲"的爸爸。他们为什么要这样做?我只会笑笑,不需要解释,因为大家都明白——我们是一家人。大家以互相照应,彼此依偎为本。

知了的叫声更美了,傍晚的天气更凉爽了,天空中的星星更亮了,柔蜜的氛围更浓了!

说不清的家务

夏宇轩

在我们家关于整理这件事,总有说不清的理,道不明的事。

爸爸爱钓鱼,他买了许多的渔具。家里大大小小的地方都能看见他的渔具,就连汽车的后备箱都没有空着。不管是什么日子只要闲下来了,他就会在晚饭后把他的这些宝贝全部都拿出来一一检查一遍,那样子看起来比做任何事的时候都要认真。在他那里一定要确保每一根渔竿都打过了蜡，每一个渔钩都放在对应的盒子里，每一条鱼线都绕了起来才肯罢休。在我和妈妈眼里这些都是些没用的东西，但在弟弟眼里却又成了另一种新型"玩具"。这对爸爸来说还真算不上什么好消息，因为只要一不留神你就会发现弟弟在渔竿两边痴痴地蹦跶着，或者就拿着剪刀认真地琢磨着要从哪里下手剪渔线，倘若真剪了下去那可就不是被说两句那么简单了。

我们家的茶几对我来说也是个大麻烦，不是因为茶几本身而是因为茶几上的玩具。起身时的衣角总会不听话地带上一个弧度，紧接着便引起了一场"腥风血雨"。这时候你会看到已经开始痛哭流涕的弟弟和一脸惊恐的我，这一刻，时间仿佛被按下了暂停键。在这件事上我对弟弟的评价就是一个实打实的好演员，总能猜出爸爸妈妈的小心思，然后做出合适的反应，若当天爸爸妈妈心情好他也就讨了个便宜，若当天爸爸妈妈心情不好那则会适得其反。

妈妈说我也不是省事的主。但我认为这件事绝对不能全部怪我，也有妈妈的一部分责任。我爱收集电影票，每看完一场电影我都会将电影票夹在桌子上的桌垫底下。可妈妈每次擦桌子的时候总爱把桌垫拿起来擦，就会把排列好的电影票全部弄乱。有时候如果她帮我收拾了一次桌子我就什么都找不到了，她爱把东西都塞进抽屉里，而我喜欢把东西就放在桌子上，因为这样会方便得多。

即使正如上面所说的种种情况经常发生，但我们这四个性格迥异的人依旧幸福地生活着。这是为什么呢？

走 错 门

黄 磊

外面阳光明媚，春暖花开，一切都是生机盎然的景象，真让人羡慕不已。

最近爸爸妈妈总因为工作的事情吵起来，耳畔只听得喋喋不休的争吵声。

这样的情况持续了一段时间，害得外婆都搬来家中以便去阻止两人的争吵。一天夜里，大家都睡得好好的，接着就传来了吵架的声音，东西被打碎的声音也随之而来……

家里的气氛很不和谐，让人郁郁寡欢，所以最近我都是尽可能地避开这个家。基本上每天放学，我都会走得很晚，为的就是避免再见两个人之间争吵，想让耳根子清静会儿。

拖着沉重的步伐按电梯，上楼，再按门铃，一切都没什么不对劲。可开门的却是一位年轻女士，客厅隐约着传来父亲与孩子玩耍的嬉笑声。我意识到自己走错门了，不过不知怎么回事，腿却拔不动了，我呆站在门口一动不动，望着门里和谐的场景，脑中浮现的却是家里父母为的一点儿鸡毛蒜皮的小事而争吵的情景。那位女士喊了我一声，这才把我从回忆中惊醒。我尴尬地低下头，慌忙地说着对不起，走错了门。

可是等她关门后，我还是没走，我想多感受一会儿"家"的温暖。良久，转身，离开。

终于回到家，锁上房门，戴上耳机，不去听外面世界的喧嚣，我只愿静静地待在自己的一片小小天空下。那里没有争吵、没有喧嚣，有的只是宁静与和谐。

我愿再一次"走错门"。

我的"伟大"计划

史书玮

自住校以来，我与妈妈已经十多天没有见面了。没有了妈妈的唠叨与叮咛，我的生活就像少了点什么一样。今天周五，又恰好是妇女节，我觉得我应该在这个节日里，为妈妈做点什么！

放学后爸爸来接我回家，说妈妈最近常常加班。我心里暗喜，妈妈会晚些回来，正巧为我计划的实施提供了机会。

我计划给妈妈做一顿丰富的晚餐。回到家，我迫不及待地翻出营养食谱（这原本是妈妈为我准备的），先去洗菜、切菜，然后装盘。但准备好材料后，我就手足无措了——我从未做过菜。正当心急时，一个声音响起："先把葱蒜炒香，倒入西蓝花。"我说了一声谢谢，但又觉得不对劲，这个声音是……妈妈的！我的心里突然"咯噔"一声，像做了错事败露的孩子一样转过身。我看向爸爸，他无奈地摇了摇头，看来爸爸已经把事情告诉妈妈了。我连看都不敢看妈妈，想到我的计划没实现，还被发现了，失落、难过的泪水就在我眼眶里回转。我说："对不起，我不该逞强的，今天是妇女节，我想为你做一次晚餐，谁知道……"说着我哭了起来，突然，妈妈轻轻抱住了我，拍着我的背说："你的心意我知道，客厅里的花和卡片我都看到了，妈妈真的很开心，你有这片心就够了。妈妈不在乎你为妈妈做多好吃的饭，只要你健健康康、快快乐乐的，对妈妈来说就是最好的礼物，妈妈就最高兴。"我哭得更厉害了。

之后，我与妈妈一起做了晚餐，那对我来说是最美的晚餐，最美的！

晚饭后，我悄悄问爸爸："妈妈怎么提前回来了？"爸爸笑着说："你妈妈见你好不容易才回一次家，想给你做顿好吃的，就跟同事换班了。"我的眼泪又流出来了。

家庭的暖就如小溪，它悄悄地流着，流经岁月，没有巨大的波澜。但对敏感的人来说，一样刻骨铭心，正是那些细小的关怀，不愿说出口的眷恋，构成了我们的日子，我们的生活。

父爱，滋润了我的心

孙 涛

每个孩子都有一颗倔强的心，这倔强或许经得起风吹雨打，却未必经得起真情的感化。来自父亲的爱，就这样滋润了我的心。

那时，我读四年级，同学们在下楼时总喜欢在离平台还有四五级时飞身一跃，"嗖"地跳下，重重落地。我体验了几次，真爽。可有一次我不小心扭了脚。回到家，母亲带着痛惜的口吻问长问短，轻柔地帮我揉着。而当我将目光转向父亲，不出所料，一阵训斥扑面而来："扭伤脚了吧？罪有应得，活该！"那目光好冷好冷。但或许，我早已习惯了吧。我倔强地扭过头去，不再理睬他。

　　第二天放学时，细雨迷蒙，我看见一个模糊而熟悉的身影。"我来晚了。"爸爸说道。"你可以不来的，再说天还没黑呢！"我酸酸地挖苦道。"来，我背你。"爸爸刻意忽略了我的倔强和任性。我赶忙说："不要你背，我这么大了，还要你背？"说完，跳着一只脚，走出了教室。可是这古怪的走法，让我没坚持多久就气喘吁吁了，走到楼梯口，父亲便拎着书包，蹲在了下楼的第一个阶梯上，轻声说道："下楼我来背你，小心点。"

　　我"被迫"伏在父亲背上，双手搂着他的脖子。父亲说："搂紧些。"就背着我走下楼去。他一步一顿，一边叮嘱我不要动，一边托紧我，手里还挂着书包，很是艰难地一步步走着。汗水已经浸湿了他的背后，褂子贴在我和他之间，一瞬间，我的眼睛溢满了泪，我吸了吸鼻子，终究是忍住了。但是，那颗倔强的心已缓缓地融化了，仿若蝴蝶沾着水滴的透薄的羽翼轻轻地拍打过。

　　父亲默默坚持着，我有些心疼起他来："爸，我把书包背在肩膀上，你方便些？"爸爸说："不用，我能行。"

　　转国民教育折折的楼梯上，我和父亲都没有再说话。但是，趴在父亲的肩膀上，我感觉到无比的宽厚和温暖，而这种感觉竟然有点熟悉……原来这份亲切根本就不曾离开过我。下完了六楼，到了平地，父亲依然不让我下来，坚持要把我背到车上。

　　我牢牢地倚着父亲，细雨迷蒙中，我的心已经完全被父亲的爱滋润了。

我家的"阿长"

严晓夕

鲁迅笔下的阿长是一个迷信、热心淳朴、礼节琐碎、饶舌多事的人。而在我的生活中就有这么一位"阿长"。

我的三婆婆在我眼中就是个多管闲事的人。这兴许与我的性格有那么些关系，我性子有点独，平日里最反感别人给我夹菜，可三婆婆就是喜欢以夹菜表达自己对小辈或是客人的热情，每次去她家，她都恨不得把所有菜通通给我夹一遍。

我厌恶长辈问东问西，过于爱护小辈将所有事情都包揽下来或是有事没事地找话题说话。而三婆婆，轻易地将这些完美地演绎了出来，但我又要在她是长辈的份上，温和地笑着回答她的诸多问题，同她说许多次："谢谢，不过我自己来就行了。"聊天时又要表现出对这个话题有极大兴趣的模样。有时陪着妈妈去拜访她时，她们看家庭婆媳剧时还不忘教育我"以后长大要嫁就嫁这种人"云云，此时此刻，我只想说："我还小，我还很单纯……"

三婆婆为了女儿从常州搬到南京。因为路途遥远，需分批次搬运，在每次搬运之前都会查查什么日子适宜搬家。又从我们家里挑了一根长挑、枝杈多的竹子。据说将又长又青、分叉多的竹子放在新家里好，寓意着节节高。听到这个说法，我不禁在心里翻了个大白眼，想：找个芝麻不更好。

三婆婆即将有一外孙女儿，她的女儿想给自己的女儿买新的婴儿用品，而三婆婆不肯，说要向别人家借。这场争执我有幸在场。"给小孩子穿别人家的东西是有道道的！"三婆婆一脸严肃，"穿百家衣，吃百家饭的小孩子好养，不娇气！"对此小姨进行了激烈地反驳。

有时候，我对我的三婆婆着实没什么好印象，她确实是一位迷信、礼节琐碎、饶舌多事的"阿长"。不过，我并不讨厌她哦！随着我渐渐长大，我明白，她也和鲁迅笔下的"阿长"一样，内心装满了对小辈的爱。爱的方式有很多种，三婆婆——这个没有多少文化的妇女，也确实以她的方式，爱护着我们，期盼我们事事都好。

我家的老车

曹亦凌

这是一辆很普通的车，银色的车漆因为时间的长久和保养的不佳显得有些老旧，车窗的车膜也有着不同程度的起泡。轻微的划痕，不再新颖的样式……都可以看出这辆车"年岁已高"。这样一辆很普通的车，为我们家服务了已经七年了。

还记得是在2007年的初春，天依然冷得让人直打哆嗦。浓郁的蜡梅花香弥漫开来，混合着路边烤红薯的香与暖。就是这样一个普通的日子，对我们家来说却是难忘的。因为我们终于可以与"11路"和自行车说再见了。爸爸和妈妈忙了一个下午，终于把车领到了。当这辆银色的汽车真正出现在我们眼前，我们被告知这辆车属于我们的时候，我们每个人的心情几乎都像鲁迅得到了那本"有画的《山海经》"那般欢欣。因为取钱和办手续长久等待引起的烦躁几乎是瞬间消失。因为我们得到了属于我们家的第一辆车！

在我们这个离"土豪"比较遥远的普通家庭里，拥有了这辆不足那些豪车十分之一的价钱的车，也实在是可以帮上不少的忙。购物、逛街、旅游，都可以远离一股子人味的公交和充斥着烟和方便面气味且空气不流通的火车。

时光荏苒，多年后的今天。在南京这个繁华的都市里，宝马和奔驰随处可见。我家也拥有了第二辆车，那辆经历时光变迁的老车暂居二线了。偶尔开一开，马达的轰鸣几乎像一个愤怒的老爷爷正中气十足地发火呢。

尽管它很老，尽管它很旧，但是我家的每个人都不会嫌弃它，因为它载满了我们爱的回忆。

父亲的背

李旭奇

父亲是一名矿工，每天要去那又热又黑的地面底下工作。父亲上的是夜班，从晚上八点一直到早上八点，因此我醒着的时间，他往往都睡着。

我劝他辞了这活儿,他笑笑,不肯。时间久了,我也习惯了长久地不和他交流,只知道他是供养我们全家的顶梁柱。

有一天傍晚,我的头痛病又犯了,病症好似火山爆发一般,我疼痛难忍,捂住头,在床上打滚。还在休息中的父亲一听见我叫唤,马上焦急地问:"苛苛,又头疼了吗?"我低低应了一声,听见那屋里的快速穿衣的声音后,就感到一股巨大的力量和一双粗糙的手托起我,我把手无力地搭在他的两肩,整个人伏在他宽厚的背上,之后就一路颠簸地被背到了医院……不记得那晚如何度过的了,但是他的背,汗津津的背,印象里是无比的强壮和厚实,让我感到安心和久违的温暖。

有一天,父亲下班回到家,已经快早晨九点了,而我才刚醒了。起床去洗漱经过他的房间。偶然看到母亲在为父亲擦药膏。"你说你,为了几个钱至于把自己搞成这样吗?背上这疤怕是去不掉了,你看你背上,青一块紫一块的。""闺女大了,要给她准备够花的,我还想带她出去旅游,见见世面。"父亲眼睛里血丝满布,却又放出神采。我偷偷望向父亲的背。啊!那是怎样的一张背!满是红色小疙瘩,左边有疤,右边青紫,两肩已经红肿了。我的鼻子陡然一酸,赶紧跑向洗漱间,捧起水,拼命地摩擦着眼睛。

父亲的背再没我印象中的那般强壮了,取而代之的形容词是"伤痕累累"。我突然发觉,在岁月的无情流逝间,在我漠不关心时,父亲也会累,父亲也会老。父亲有他的坚强,也有他的隐忍。

哦,父亲的背,藏着多么深沉的爱。

第一次做生意

王一峰

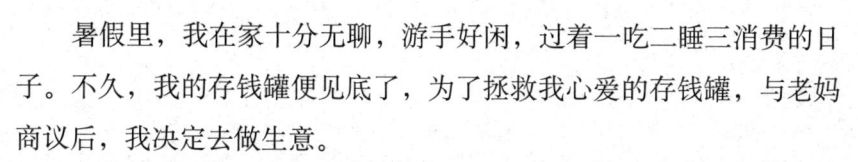

暑假里,我在家十分无聊,游手好闲,过着一吃二睡三消费的日子。不久,我的存钱罐便见底了,为了拯救我心爱的存钱罐,与老妈商议后,我决定去做生意。

既然做不了太大的生意,那就做小生意吧,那就是:卖冰棒!找到合适的地理位置——广场中心后,我便吹着口哨,骑着满装着两箱冰棒的自行车,向着广场出发了。

到了人山人海的广场,我跳下车,在那儿等着生意上门,可是二十分钟了,没有人看我一眼,我急得脸涨得通红,就像猴屁股一样。老妈说要吆喝,就像是菜市场一样,才能招揽生意,我便推着车,准备吆喝,可是我的喉咙似乎被什么东西堵住了,就是不出声,我又急了,怕冰棒化了会亏本。正纠结着,一个人走了过来,问道:"这里边是什么啊?"我不肯放过做第一笔生意的机会,便说:"冰棒,您要吗?一元一根。"那人递过了一元钱,我满心欢喜地接过这块"黄金",我立马给他一根冰棒,快乐地如同小兔子一样走着。我做成了第一笔生意,太棒了!忽然,我的内心燃起一种自信心,大喊:"卖冰棒了!"我终于叫出来了!不一会儿,四面八方的人围了过来,我喜出望外,一边接过钱,一边拿冰棒,忙得满头大汗,却是

满心欢喜，我终于体会到成功的滋味是什么了，它在我的内心，甜蜜蜜的，给我勇气，让我大声叫出来。

人群散去，我已成落汤鸡了，但我满心欢喜，里面的冰棒不多了，我准备一鼓作气。但在关键时刻，我咽喉炎的老毛病犯了，喉咙似乎有千百只蚂蚁在咬，我用力咳，根本喊不出来。这时我才发现我腿软了，没力气了，手也麻了，天色也竟这么晚了，最后的喜悦感也没了，剩下的只有痛苦，最后被老妈拖了回去。

这次做生意，成本50元，利润20.5元，医药费30元——我亏本了啦！

哦！第一次做生意，痛并快乐着！

成长需要磨炼

戴 胜

一个屡屡失意的年轻人去请教一位得道的高僧。高僧拿了两只装有茶叶的杯子，先用温水冲了一杯给年轻人喝，年轻人觉得一点儿香味也没有；高僧又用沸水冲了一杯，只见茶叶在杯子里上上下下地沉浮着，一会儿，一丝清香从杯子中缓缓飘出——高僧加了三次水，茶叶在杯子里一次比一次沉浮得厉害，于是年轻人闻到了沁人心脾的芳香。

人生如茶，我们也不能在温吞中止步，需要在烈火中淬炼。

磨炼是迈向成功的通行证。球王贝利成名后，有个记者采访他：

"您的儿子以后是否也会同您一样，成为一代球王呢？"贝利回答："不会，我童年时的生活环境十分差，而正是这种恶劣的环境磨炼了我坚强的斗志，使我有条件成为球王；而他生活安逸无忧，不太可能成为球王。"是的，温室中的花朵注定经受不住窗外的风吹雨打和严寒酷暑。只有雄鹰才能够搏击长空，是因为它还是雏儿的时候就经受了高空跌落等艰难的磨炼。从小经受的生活磨炼使得贝利获得了迈向成功的通行证，终于成为一代球王。

　　磨炼成就生活中真正的强者。成大事者大都会受到生活的磨炼。如司马迁，只因替投降匈奴的李陵辩解了几句，便遭受了耻辱的宫刑。在经历这样的人生磨难下，忍辱负重几十年终于著成世界上第一部纪传体通史《史记》。试问，他靠的是什么？我想是顽强，是不屈，是磨炼。正如孟子所言："天将降大任于斯人也，必先苦其心志，劳其筋骨，饿其体肤，空乏其身，行拂乱其所为，所以动心忍性，曾益其所不能。"司马迁经受了常人所无法忍受的考验，最终成为流芳百世的真正强者。

　　磨炼是人生的必修课。只有经受磨炼，人生道路上我们才会更顽强；只有经受磨炼，我们走的人生路才会更平坦；只有经受磨炼，我们才有足够的勇气去迎接新的挑战。所以我们呼唤"让磨炼来得更猛烈些吧"！

走出来，真好

雨　婷

天空灰蒙蒙的，风吹得呼呼作响，马上要下雨了。我背着书包走在回家的路上，心情如同这天气一样，连续几次的考试失利，心态再好的人也不免要灰心丧气了吧。

我一边走一边踢路边的石子，心情糟糕透了，怎么自己这么努力可还是考成那样呢？父母的话语又在耳边响起："看看人家某某考试成绩多好，再看看你，我们不希望你去考第一，但这么点分数也太差了吧？"想到这儿，我叹息了一声。天变得更暗，风吹得更响，接着有一滴雨滴到了我的头上，紧接着雨开始密密麻麻地往地上砸。没带雨伞的我慌慌张张地躲进一家小卖部。"哇！赵耘你又考全班第一！哎！天才就是天才！"同学们赞扬赵耘的话语萦绕在我的耳旁，想想自己试卷上惨不忍睹的77分，我真是自卑极了。

雨越下越大，风越吹越猛，我靠着墙蹲下抱紧了膝盖，这风吹得真冷！看了看手表显示六点三十了，半个小时过去了，今天回家的路走得比往常缓慢，比平常艰难。

这时，小卖部的窗户突然打开了，从里面探出了一个头，是刘爷爷！刘爷爷望向我说："婷婷啊，外面雨太大了，进屋躲躲吧！""哎！好！爷爷。"我站起来走进屋里。"婷婷啊！看你在外面坐了半天了,就是不回家,怎么了?是不是惹你妈妈生气了?怕回去挨骂?""不是,爷爷,就是好几次都没考好,我都怀疑我的智商了。"我撅着嘴,皱着眉。爷爷粗糙的大手揉了揉我的脑袋,笑道:"小妮子,这有什么的?不要怀疑自己的能力,要相信自己!咱不和别人比,只要今天比昨天进步一点点,你就是最棒的,爸爸妈妈一定看得到你的努力。一次失败不代表什么,下次一定会考好的,相信爷爷!"

雨渐渐小了,风也不那么狂了,雨后的空气格外的清新,我的心情也在经历过一场暴风雨之后,变得格外晴朗和明亮!遇到困难,不再心灰意冷,走出失败的阴影又是美好的一天,我走出来了,真好!

埋在心底的记忆

董思乡

六年级的我们,心理开始慢慢变化,对一切事物都充满了美好的期许,也慢慢开始对异性有了好奇之心,渴望了解异性,甚至萌发了爱慕之情。老师和家长们常说:"哎,早熟的一代!"

就有这么一个女生,她不漂亮,也没有什么特长,更不用说吸引别人的注意力了。她总是默默观察别人,有一次,她注意到了一个男生,这个男生个子高高的,阳光帅气,成绩体育都不错,为人也很好,而且还很幽默,于是她便渐渐地对这个男生充满了好感,也就是所谓的"喜欢"。

一天又一天，女生常常关注这个男生的一点一滴，一举一动。男生高兴时，女生也吃了蜜一样的甜；男生沮丧时，女生就好像自己受委屈了一样难过。女生的举动使她的朋友们都感到疑惑。后来，女生因为花太多时间在男生身上，导致自己的成绩慢慢下降了。而此时，自卑的女生觉得男生从来都没有注意到她，于是便更加伤心和苦闷了，整天浑浑噩噩的。

再接着，女生准备一不做二不休，把自己的情感向男生袒露出来。碰巧这时，女生的学校举办了一次心理讲座。女生听完心理老师所说的话后，茅塞顿开了。女生就想，她为什么要说出来呢？这种感情本来就是奇妙而美好的。她觉得她应该把这种美好的情感转化为动力，从而促进自己好好学习。于是，她懂得了怎样去珍惜青春，珍惜并利用好这段美好的时光。她，便悄悄地把这份情感埋藏在了心底。

你一定很奇怪我为什么那么了解这个女生，也许已经有人猜出来了——其实，我就是那个曾经懵懵懂懂的女生。当我走出困惑时，觉得一切都是那么美好。

于是，她懂得了怎样去珍惜青春，珍惜并利用好这段美好的时光。她，便悄悄地把这份情感埋藏在了心底。

走出来，真好！

秋　夜

高　健

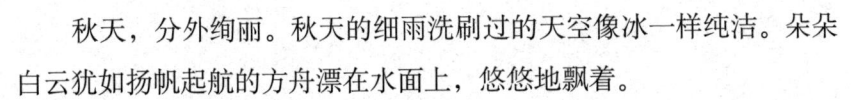

　　秋天，分外绚丽。秋天的细雨洗刷过的天空像冰一样纯洁。朵朵白云犹如扬帆起航的方舟漂在水面上，悠悠地飘着。

　　秋夜树影婆娑，草丛里的蟋蟀领头开起了音乐会。稻田里有点奇怪：若你不留心听，一点儿声音也没有；若你留心听，声音可多啦——蝈蝈吱吱地唱，稻叶轻轻地碰，肥沃的土地在冒气泡。多么惹人喜爱的稻田！

　　一轮明月高高地悬在天空，河边的柳树下还围着一圈老农，看起来在谈论着什么。

　　夜已经有一丝凉气了，河面上像撒了一层碎银，晶光闪闪，风徐徐吹来。空气格外清新凉爽。

　　月儿穿过一片轻柔的云。从客厅出来的人们，走出院子。哼起了动听的小曲儿；老年人谈论着戏剧，那年轻人呢，伸伸懒腰，打个哈欠，悠闲地漫步。这村庄在夜幕里显得无比静谧。

　　雾的屏幕拉起来了，远处的村庄都消失在这水雾中，伴着月色，一直伸到村边。稀疏的星星映在水里，晃动着，猫头鹰又出来觅食，感觉到草丛中有一阵骚动，以为是田间小鼠，便向草丛飞去；狗在门口烦躁地狂吠不止，引来主人一顿叫骂，吠声都快把月亮赶走了。

温柔的月光如水一般。疲劳了一天的人们进入了甜美的梦乡。养精蓄锐,以备明日。

之后的夜,静悄悄地消失在东方的晨曦中……

一叶知秋

华　夏

秋天的天空,高、净、空灵,如一张蔚蓝的版图,安然地等待着飘悠悠的白云将其随意装点。空气中,还残留着一丝严守阵地的夏的气息,秋天的凉意就已风风火火地弥漫开了。天气格外赏脸地放晴的这一天,我们欢笑着踏上了寻找秋的旅途。

有人说,秋天总让人不免伤感。萧瑟的秋风把落叶吹得飘飘悠悠,在纯粹的阳光中胜似一只只飞舞的蝴蝶,纷纷扬扬地打着转儿,回归自己的轨道。漫步在铺满落叶的林荫小道,柔和的声音在脚下响起,"无边落木萧萧下""秋风飒飒卷残泥"。片片秋叶,为我们交织出一次又一次美丽而又神秘的轮回。一年又一年观秋叶落,感叹着时间的白驹过隙,看着花木凋零,任凭时光在脸上抹下它们的痕迹。树叶在春风中冒芽,在阳光中茁壮,到了秋末就结束了它们短暂的一生,岂能经得起时光的消磨?时间在叶子脱离枝头,飘忽空中,轻轻触地时不经意地溜走,忽然转念又想,既然新陈代谢是大自然不可抗拒的规律,又何必贪恋枝头一时的华辉?叶子飘向大地,不意味着它枯萎,而是遵从自然,不抱丝毫怨念,欣慰地腐化成泥,为了来年春晓生命传承的继续。"落红不是无情物，化作春泥更护花。"没有落叶纷纷，哪来新枝萌发？落叶的生命永远不会结束，因为它的生命永远会在传承！

多少凄美动人的故事发生在秋季，多少时光匆匆的叹惋飘零在秋季。在这动人心弦的秋季，落叶默默地勾起了我们心底的情思。我想，每一枚落叶是否都蕴涵着一个不为人知的故事？拾起一片落叶，就仿佛回首在往事与回忆里，有忧伤，有快乐，有凄凉，有幸福。

即使时光荏苒，秋天已去，我仍会携着这一秋的淡雅，守着这一秋的凄美，在纷繁的世界里保留一丝固执，一种气度，一份追求。

秋

王雪菡

南京的秋天是一个不寻常的季节。

秋天的树，不像春天那样充满生机，也不像夏天那样郁郁葱葱，更不像冬天那样银装素裹。落叶在瑟瑟寒风中尽情地舞动着婀娜的身姿，时而在空中旋转，时而翩翩落下，这是落叶在以最优美的舞姿向大树告别，投入大地母亲的怀抱。枯萎的落叶铺满了各个角落。我走在林荫小道上，从落叶上踩过发出"嚓嚓"的响声，时而低沉时而清脆，仿佛那是一首动人心弦的钢琴曲。

秋天的树变得苍老年迈，似乎是从一个生机勃勃的少年变成了一位饱经风霜的老人。它在寒冷的秋风中瑟瑟发抖，裸露在外的树干光秃秃的，将要经受隆冬的面试，不免让我为它揪心。

秋天的风不带有半点修饰，是最纯净，最凉爽的。它吹走了春季的潮湿，吹走了夏季的闷热，带来了一丝清凉。秋风一闪，万树都会报以热烈的掌声和优美的舞姿。我停住脚步仰望，那漫天的叶子飞舞着，纷纷扬扬地落下，在地面上积起了一层鹅黄色的地毯。正如诗中所说："秋风萧瑟天气凉，草木摇落露为霜。"

哦！南京的秋天真是个不寻常的季节。

秋日物语

陈昕仪

在我的印象中，春天的脚步轻盈，夏天的性格奔放，冬天的个性粗犷，秋天，似乎沉默寡言。我还没有感到任何的预兆，它就来到了我的身边。

黄色大概是属于秋天的颜色吧，一旦到这个时节，所有事物都心照不宣似的褪下了原来的颜色。霎时间，世界没有其他的颜色了，就连抬头看天上的白云，也都被斑驳的树影染上了一层暗黄，让人有一瞬间觉得那样炫目，不久却又归于平淡。秋天的内涵也是一样，虽看上去普通，可留心体会，总能发现它闪亮的地方。

枫叶大概是秋天的标志吧，也许是因为它们的外形酷似小手，风吹过的地方，它们便纷纷挥起手来。深秋时原本的清冷中也因它们而透出了些许的生机与活力。泰戈尔曾说过，生如夏花之绚烂，死如秋叶之静美，再看枫叶的时候，心中也竟生一股悲凉，看着满地枯黄，感叹生命的循环往复。

温柔的风大概是秋天的容貌吧，它给人的感觉就好像倾世的佳人，拂过我们的脸颊，就像用耳语对我们诉说她曾经凄美的故事。沐浴在秋风中，能体会到一丝的暖意，让我吃了一惊。秋风给人的感觉，和其他三季有很大差别，在它的身上透出一股忧郁的气息，令人捉摸不透，像戴着面具一般，神秘又美好。

秋天的人们好像也多了一份成熟与稳重，奔波在车水马龙之间，有时可能也会回忆起过往，然后看着窗外叹口气。

秋天的叶，秋天的风，秋天的人，融汇成秋日的物语，带给我不一样的世界。

让

蒋雨涵

俗话说得好："忍一时，风平浪静；退一步，海阔天空。"这句话，浓缩起来其实只有一个字，那就是——"让"！

可就是这个简简单单的字，太多太多的人却做不到。

瞧，事情来了——

那天，气温高达40℃，街道两旁的树叶被火辣辣的太阳烤得发黄发蔫，微风一拂，便洋洋洒洒地落下一大片。在这种酷热的天气外出，实在是不会有什么好心情！

而在一辆拥挤的公交车上，除了报站的声音、马达的声音和人们轻微的呼吸声，什么声音也没有，乘客们也都昏昏欲睡。突然，"吱——"的一声，汽车来了个急刹车，车上的乘客们顿时惊醒，原来安静的车厢顿时吵闹起来，喊叫声、咒骂声此起彼伏。而就在这一堆杂乱的声音中，一道尖细的声音尤为突出："啊，好痛！你踩到我了，还不快道歉！"。说话的是一位穿着短裤的时髦女郎。"道歉？哼！凭什么，是你自己没站稳，关我什么事！"回答的是一位中年男子。"呦，踩到人还有理了是吗！""哎，我还就有理了，怎么着吧！""你……。"在矛盾即将升级时，旁边的乘客及时劝架："算了吧，算了吧，又没出什么大事。"其他人也附和："是啊是啊，就算了吧！"这两人才算罢休，而神情上依然是一副愤愤不平的样子。

而就在第二天，同样在公交车上，我见证了同样的一幕。一名女子由于没站稳不小心踩到身旁人的脚，她立刻转身道歉，而那名乘客却微微一笑，说道："没关系，谁让我的脚闪的不够快呢！没硌着你吧？"一句幽默的话既解了女子的尴尬，又平息了一场可能爆发的"战争"。

我坐在座位上，望着窗外飞驰而过的景物，不禁沉思，为何同样的事却有两种不同的结果？突然，一个字浮现在我的脑海里——"让"！是啊，这不就是一个"让"吗！

一个"让"，一个"不让"，体现了他们自己的文化修养和道德水平；一个"让"，一个"不让"，写出了当今社会的两种精神风貌。一个"让"，何其简单，又何其难呢？

规则与自由

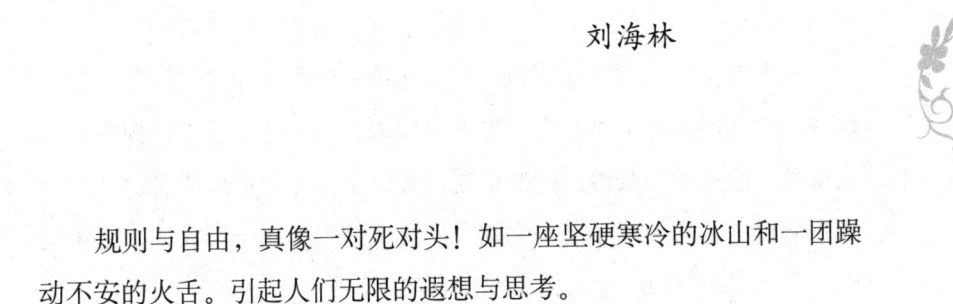

刘海林

规则与自由，真像一对死对头！如一座坚硬寒冷的冰山和一团躁动不安的火舌。引起人们无限的遐想与思考。

（一）坚硬寒冷的冰山

"地球不是中心！地球围绕太阳运动，请相信我！"布鲁诺力竭声嘶。"哦，亲爱的上帝，请宽恕他的无知。"循规蹈矩的人们祈祷着。

布鲁诺打破了那个时代的规则，结果，是被当作罪人押送火场，葬身火海。

（二）躁动不安的火舌

奥巴马在讲台呼吁："我认为是时候去控枪了，阻止这样危险的武器流落在一些会造成难以想象的伤害的人手上……尤其在一个又一个校园枪击案发生后。"一名议员缓缓说道："我们美国可是一个非常强调保护个人隐私、财产、领地的国家。在我们这个自由的国度，人民持有和携带武器的权利不受侵犯！"

没有约束的自由下，犯罪事件接连发生，可怕的枪声回荡在大街小巷。

不难看出，悲剧将在这样的两个社会上演。有谁愿意住在北极和火山里呢？让我们走到两者之间，看那又会是一个怎样的世界！

（三）冰火交融，一片温光和谐

汽车在信号灯的约束下得以自由疾驰，溪水在峡谷的限制下得以潺潺，鱼儿因为有了海与岸的界限得以遨游……可以看出，规则并不是束缚，而是我们获得自由的重要保障。正如孟德斯鸠所说："所谓真正的自由，就是做法律、规则所许可做的事情。一个人如果做了规则所禁止做的事情，那么他就无法自由了。"

规则下的自由，是我们人类有别于动物的本质所在。而规则与自由从来都不是敌对的，所谓敌对，只是人类无限制的欲望所导致的。我希望每个人都能意识到这一点。我们拒绝过度束缚的规则，也不欢迎无底线的放纵。让我们珍惜和享受规则下的自由！

刚刚开始

宋欣怡

国庆假期，我漫步街头，真切地接触了一下我生活的周围环境。河面上泛着片片油渍，在昏黄路灯的照射下，闪着粼粼油光；几棵树墩立在地上，一阵风沙吹过，黄沙漫天飞舞；异味充溢在每个角落，抬头望望，灰色充满整个天空。

我不禁问道：环境怎么会变成这样？人们到底做了什么？这一切似乎都跟人类有关。

"咕咕咕……"河岸边工厂里的废水肆意排放着，乌黑油亮的废水顺着管道排向清澈的江河中，像一朵朵绽放着的黑玫瑰，一点点铺向远方。再走进细看，居然有人往河中倾倒垃圾。那些垃圾重的沉于河底，轻的就漂浮在水面上，五颜六色，形成一道"亮丽"的"风景线"。不仅色"美"，而且味"香"。

"咔——咚——"人们借盖房之名，把"阻碍"盖房的大树统统砍掉了。这样，树木越来越少，但一幢幢高楼大厦却拔地而起。绿色在大地上越来越少，取而代之的是坚硬高大的建筑物。坚硬，它没有绿色的养眼活力；高大，它挡住了我们仰望蓝天的视线。绿色一点一点消失在这片大地上……

"滴——滴——"汽车的喇叭声在公路上此起彼伏，乌黑难闻的汽车尾气不断排出，随着轻风飘散在空气中。那颜色好像会遮住蓝天；那味道好像会驱除蓝天的清新。

现在的你们为什么如此不爱护环境？为什么要破坏自己居住的环境？你们这样做，以后环境只会越来越差，子孙后代的生活怎么办？他们将生活在什么样的环境中？

未来的人们肯定会很惋惜很后悔，要是我们现在好好爱惜环境，就不会变成这样。但是我们没有想过，要是现在还没意识到这一点，那么这灾难只是刚刚开始……

走出来，真好

迎 着 风

王宝慧

风，会带给人舒适和凉爽，或刺骨与凛冽；会助人前进，或致人后退。与一切事物一样，风也是有双面性的。而影响风带来的好处或者是坏处的因素，是掌握在自己手中的。

做数学题目时，大家往往会遇到这种题：是迎着风阻力大还是顺着风阻力大？当然，迎着风走必定比顺着风前行困难些。就好比船，当船顺风航行时，就很少需要船桨的滑动，自己前进；但当船逆风航行时，不仅要多使用船桨，费得力气也要更大些，所以船夫基本上都会选择顺风的时候出海。

顺风走来必然是容易的，人人都祈求生活平平安安，一帆风顺。但若是生活就这样无趣无味，那拿什么来调剂与品味呢？人生来为了什么？每个人心中定有不同的答案。以我短暂的人生来看，人生道路必不可能完全是顺风。现实是荆棘丛生，绊脚石随处可见，走来必定艰辛。但经历了重重困难，才会获得更大的收获，才会懂得人生哲理，珍惜当下，预见未来。顺风不是成功人士的尚方宝剑，化阻力为动力才是最强硬的武器。宝剑锋从磨砺出，梅花香自苦寒来。所有事物的光芒都是被磨炼出来的，真正懂得生活真理的人，一定会渴望逆风打磨过后的光景。

迎着风向前跑，你定会看到一片海阔天空。

我的小传

张嘉俊

本人姓张，名嘉俊。五尺男儿，立足于天地。胸怀大志，现努力学习，愿他朝能有用武之地。

圆圆的头，短短的头发，大大的鼻子，这就是我。在脸上，最为显著的特点就是一大一小的眼睛。这对极富特点的眼睛似乎也暗示着我这个人有双重性格，时而感性，时而理性。时而成熟稳重，时而活泼好动。

本人自诩为杂学家，数学、语文我喜欢学，天文、军事、体育等方面都略知一二。其中，对足球最为感兴趣，我还是江苏舜天足球俱乐部的一名干事呢。

本人是天蝎座的。对待交友，求质不求量。对看不惯的人很难改变观点。本人很喜欢上海青帮大佬杜月笙说过的一句话："别人存的是钱，我存的是交情。"对待某些关注的事物，有着强烈的占有欲和控制欲。所以我的东西不轻易给其他人碰，除非，你和我关系很好。我性格宽厚，对待事情都率性而为，是一个天生的"乐天派"。也十分大度，但是到了忍无可忍的地步，我就会像火山爆发一样。所以，千万别惹火了我。我爆发起来，连我自己都会感到怕呢！

我还是一枚标准的吃货，励志吃遍中国，吃遍世界。见到美食，就走不动道的。到了北京，宁可不看长城，也要尝尝北京烤鸭的皮酥肉嫩；到了上海，宁可不看东方明珠，也要尝尝生煎包的香浓酱汁；到了成都，宁可不看大熊猫，也要尝尝成都火锅的麻辣诱惑。所以，人家出去玩看的是风景，我呢，吃的是美味。

这就是我，不要迷恋哥，哥只是一个传说。

我的读书故事

陈宇翔

我喜欢读书，那是从我小时候就开始的事。这些当然离不开爸妈的付出。

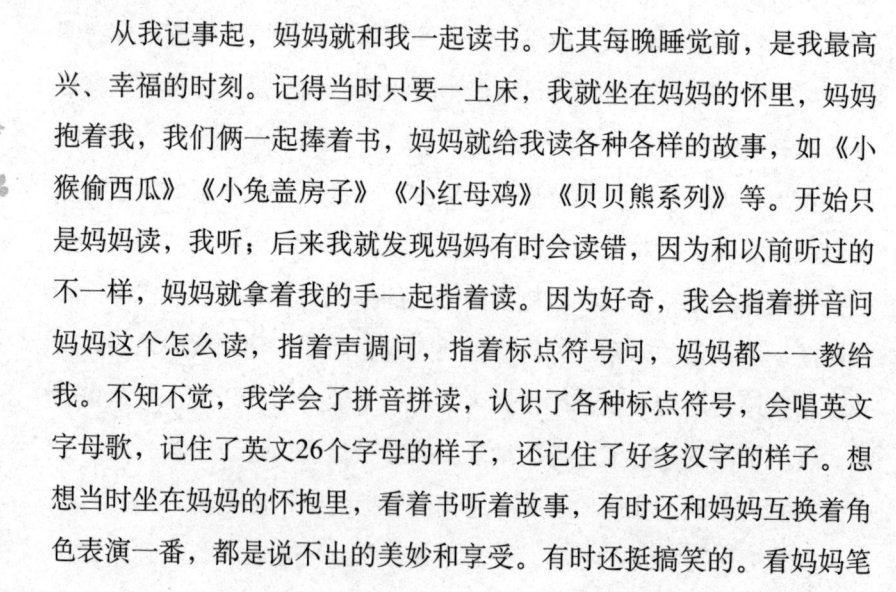

从我记事起，妈妈就和我一起读书。尤其每晚睡觉前，是我最高兴、幸福的时刻。记得当时只要一上床，我就坐在妈妈的怀里，妈妈抱着我，我们俩一起捧着书，妈妈就给我读各种各样的故事，如《小猴偷西瓜》《小兔盖房子》《小红母鸡》《贝贝熊系列》等。开始只是妈妈读，我听；后来我就发现妈妈有时会读错，因为和以前听过的不一样，妈妈就拿着我的手一起指着读。因为好奇，我会指着拼音问妈妈这个怎么读，指着声调问，指着标点符号问，妈妈都一一教给我。不知不觉，我学会了拼音拼读，认识了各种标点符号，会唱英文字母歌，记住了英文26个字母的样子，还记住了好多汉字的样子。想想当时坐在妈妈的怀抱里，看着书听着故事，有时还和妈妈互换着角色表演一番，都是说不出的美妙和享受。有时还挺搞笑的。看妈妈笔记本上记录的我三岁多的时候一件事,我也想起来啦。当时和妈妈一起读了卡梅拉《我想去看海》,看到卡梅拉努力地下蛋,我也想尝试下蛋成功的感觉。有一天,我撅着屁股待了一会儿,突然高兴地转着圈拍着手跑着喊着:"成功啦!成功啦!我终于放了一个屁!"

  我能自己读书是在我还不满四岁的一天,记得妈妈在厨房做饭,我自己在看书。突然跑进厨房对妈妈说:"妈妈,我读书给你听吧!"妈妈不相信但却还是笑着说:"好啊!"紧接着我就绘声绘色地读起了《羊妈妈和小羊》的故事。当时我心中是非常地自豪,看见妈妈用惊喜的眼神看着我,我更是满心的喜悦无以言表。从那以后几乎就是一发而不可收,每天读书几乎成了我生活中最重要的事情。尤其是喜欢和爸爸妈妈一起读,更喜欢他们读给我听。妈妈是在我上小学后就不再给我读了,爸爸直到现在还是偶尔会读给我听。

  就是因为爸妈的陪伴、支持,培养了我从小就喜欢读书的习惯,为以后的阅读打下了良好的基础,成就了今天成绩还算优秀的我。现在鼓励人们读书最常说的一句话:"腹有诗书气自华!"这也是爸妈对我的希望!

  我对读书的认识:读书,并不仅仅单纯地读,而是一种学习、一种修养、一种兴趣、一种寄托,更是一种提前打好基础的学习方法。读书应该像我一样,从小时候就培养好兴趣与习惯,对以后的学习是非常重要的。

未来的我

杨琳悦

在未来的世界中,曾经的挚友都在为了生活东奔西走,有的成为了建筑师,有的成为了医生,有的成为了企业的老板,还有的成为了公务员……而我则成为了一名"人类灵魂的工程师"——老师。

我通过自己的努力成为了一所小学的语文老师。在这里,在这个充满阳光的小学中,有着无数单纯烂漫犹如天使的小朋友。当他们每天都用那充满朝气的小脸蛋向我微笑,用那银铃般的声音向我打招呼问好时,我便感到自己顿时信心满满,充满了力量。因为孩子们那一双双扑闪着的大眼睛流露出了对我的信任与依赖,使我不想去关心疼爱他们也不行。

课堂上,我讲着精心为孩子们准备的课程,带着孩子们做游戏,让他们在学习中感到有趣,乐于学习。虽然课上一开始有几个同学不认真听,但在后来,在其他同学们的热烈氛围的影响下,也认真地参与了进来。就这样,我和同学们在愉悦的氛围中结束了一节开心快乐的课。

课后,同学们把我围在中间,我们站在走廊上,一边晒着暖洋洋的太阳,一边快乐地聊着天。我们聊着自己内心的生活喜好,说着自己的心事。此时,我们已不再是师生,而是一群最好的朋友,围在一起无所不谈，分享自己的喜悦与伤心……

未来的我和我周身的一切都是那么美好，那么的美好！

大梦想家

杨永祺

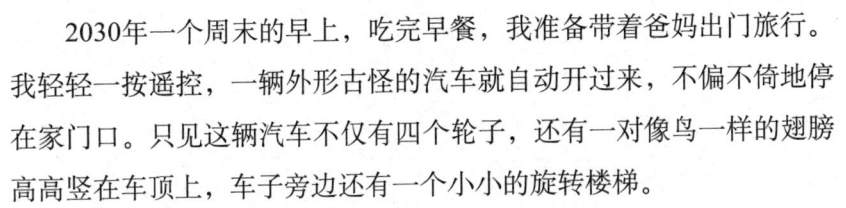

2030年一个周末的早上，吃完早餐，我准备带着爸妈出门旅行。我轻轻一按遥控，一辆外形古怪的汽车就自动开过来，不偏不倚地停在家门口。只见这辆汽车不仅有四个轮子，还有一对像鸟一样的翅膀高高竖在车顶上，车子旁边还有一个小小的旋转楼梯。

我扶着爸妈踏上楼梯，楼梯轻轻一转就把我们送进各自的座位了。我们刚一坐上座位，妈妈面前的屏幕就播放起她正在追的电视剧，爸爸面前的屏幕则播放起他最喜欢的新闻了，并且两边互不干扰，原来这是我早就帮他们事先设定好的。看着爸妈满意的笑容，我得意地吆喝一声："开车！"车子便在平坦的马路上驰骋向前了。

过了一会儿，忽然遇上堵车了，别的汽车司机只能干着急在原地等着，我却不慌不忙地按了一下汽车里的一个红色按钮，车子马上腾空飞起越过了这个障碍继续前进。又过了一会儿，我口渴了，就按了一下车子里一个蓝色按钮，一个小机器人立刻给爸爸端来了一杯红酒，给妈妈端来了一杯果汁，给我端来了一杯牛奶。我一边享受着可口的牛奶，一边指挥着汽车，心里可真惬意啊！后来我又有点儿困了，就按了一下车子里一个黄色的按钮，然后埋头呼呼大睡起来，车子就进入自动控制状态。等我休息好了,往窗外一看,哇,我的小汽车已经带着我们来到了美丽的内蒙古大草原……

刚想欣赏草原美景,突然被闹钟吵醒了。啊!原来是一场美梦啊!我连忙把这个梦讲给爸爸听,爸爸笑着摸着我的头说:"我们祺祺真是大梦想家啊!不过,不是没有可能,知识改变未来,科技创造奇迹。不仅要敢想,更要敢做。只要你好好学习,说不定你梦想的小汽车真的能在未来的某一天被你制造出来呢!"

我听了,心里暗暗下了个决心:二十年内,创造一个小奇迹!耳畔响起那首歌:"一个一个梦飞出了天窗,插上竹蜻蜓,张开了翅膀,飞到任何想要去的地方……"